黄约瑟 著

薛仁贵

河北出版传媒集团
河北教育出版社

目 录

自　序 / 01

第一章　河东薛氏 / 001
第二章　才兼文武 / 009
第三章　弃农从军 / 017
第四章　猛将与兵募 / 024
第五章　征辽背景 / 032
第六章　征辽成名记 / 047
第七章　初任军将 / 071
第八章　勇谋兼备 / 086
第九章　再次东征 / 095
第十章　天山之役 / 103

第十一章　三讨高句丽 / 118

第十二章　大非川之役 / 135

第十三章　铩羽新罗 / 146

第十四章　外放象州 / 160

第十五章　最后一战 / 167

第十六章　子孙继业 / 174

第十七章　尾声 / 184

参考书目及注释 / 188

再版后记 / 214

自 序

初对薛仁贵感兴趣大约在七八年前，可是总未想过要写一本书，也未想过可以写一本书。去年初，应台湾唐史学者联谊会研讨会之约，草成一文，基本上勾勒了薛仁贵生平轮廓。至7月太原的武则天研究会听出版界朋友的报告，觉得隋唐历史文化丛书需要有一些可以让多些人看的书，突然自己也不明所以地自告奋勇，请缨参与写作计划。当时也不肯定可以成事，只抱一试的心理，希望通过薛仁贵这个人物，去考察唐初一些军事、政治以至外交问题。因为历史工作者注目的，往往是文臣多于武将，而一般以短文为多，故有此尝试。由于家事离港，初稿在去年底今年初两个多月内草草完成，期间深感自己所学不足，文笔拙钝，无法同时兼顾学术性和可读性。文稿搁下半年后最近虽然试做修改,但余勇不再,只好稍做文理上的修饰,多于内容的更动。自己翻阅,不过是敝帚自珍,但最佳的学习,莫如读者批评,所以还希望大家多所指正,不吝赐教,以求他日可以拿出较令人满意的作品。

黄约瑟
于香港大学亚洲研究中心
1989 年 10 月 3 日

第一章　河东薛氏

薛仁贵是民间文学中的知名人物,以他和他后代事迹作为题材的小说、评话和杂剧数目不少,但追根溯源,这些故事所根据的历史记载却并不特别丰富。自从《史记》开始,中国正史便出现一种名将军列传,和其他列传一样,一般来说,愈有名气、地位愈重要的历史人物,所占的篇幅亦愈多。《旧唐书》《新唐书》的体例亦大致如此。不过,唐代前半期的武将中,没有一位能够像文臣如魏徵一样,独占一卷。即使有名如李靖,也不得不和李勣两人共享一卷。薛仁贵亦不例外。他的传记,分别见于《旧唐书》卷八十三和《新唐书》卷一一一。《旧唐书》中,他和另外6位唐初军将共分一卷书,而《新唐书》中,他更不过是16位传主中的一位。这两篇传记,每篇不过2000字,内容大同小异,却成后代文学工作者艺术加工的重要素材。究竟这些精简的记载,记述了薛仁贵的什么事迹?

其实记载薛仁贵生平的,除了正史中所见到由官方根据本身收集到的材料所完成的传记外,本来还有较接近薛仁贵时代的人所写的碑记。可惜的是目前原碑并未发现,碑文只能间接见于其他人的著作。正史和碑记虽然多有重复,但并不时常完全吻合。例如薛仁贵的籍贯,在正史本传中作绛州龙门,碑记则作河东汾阴[1]。这两个地方都在今日的山西省,而山西在唐代又以培育武人而知名。唐玄宗时名相张说所写的一篇碑文中便有"山西出将"的句子[2]。不过,如果追祖溯源,薛仁贵的先祖,并不是真正出身山西。这话从何说起?

薛仁贵的祖宗起码可以上溯至东汉末年。当时群雄并起,天下大乱,社会上主要的组织是宗族和部曲。前者是血缘团体,后者是武装组织。为了避免战乱,他们有的据堡自固,有的随着领袖周围流动。当时在东海有个官姓薛名衍,儿子被曹操所杀,孙子薛永,跟随活动于黄河淮水下游之间的刘备,进入蜀国。这次可能是薛氏一族首次移动。薛永不但当上了蜀郡太守,儿子薛齐更任巴郡太守。由于两者都是当时蜀国地方大郡,使人猜测薛氏宗族入蜀人数可能颇众。隋唐之际,属剑南道的维州,仍有薛城县的名称,一直至宋,才改为保宁[3],或许就是薛氏一族旧日的聚居地。如众周知，蜀汉后来亡于曹魏，当时薛氏投降的便有5000户之多，可见他们势力不小。未知是否因为战胜者要削弱他们的势力，薛氏再次从蜀移民到河东汾阴，从此在该地定居下来。虽然他们不是真正的蜀人，但由于他们自蜀徙居，因此得了蜀薛的称号。

河东薛氏一族在晋朝的政治地位并不亚于蜀汉时代，薛齐的后人有两位任河东太守，一位在河东东邻上党为太守，族中后人，又以薛强、薛辩父子知名，《北史》卷三十六和《魏书》卷四十二分别收了他们的传记。薛氏为了保护本身所筑的坞壁，曾经称为薛强壁。《晋书》卷一一七曾记当时薛强（原文作疆，当是同一人）兴兵助姚兴，使姚军可以从龙门渡黄河，所以当时薛强势力，可能已到达黄河。另外同族的薛通又曾建薛通城，唐初的万泉县，就是置于薛通故城，从后世地方志地名观察，河东地区与薛氏有关的地名，除薛通城外，尚有薛家寨、薛张、薛店、薛稽镇、薛吉镇、薛村、北薛、南薛、西薛村、薛家营、薛家庄、薛家岭、薛家洞、薛家滩等。这些地名源自何时虽然不易确定，但由于墓葬群中，不乏隋唐时代的薛氏，可知晋隋之际，薛氏在汾河以南、黄河以东的地方，逐渐建立起他们的大本营，成为当地的一个大家族[4]。

《旧唐书》和《新唐书》薛仁贵的传记虽然记载他是龙门人，但《旧唐书》卷九十三记他儿子薛讷是万泉人，而《新唐书》卷七十三下记讷弟楚玉曾被封为汾阴县伯,《旧唐书》卷一二四又载楚玉子薛嵩是绛州万泉人。另据后代地方志,万泉有薛嵩子薛平墓,其祖三人墓则在附近[5]。汾阴和龙门以至万泉三者地理上相隔不远,但行政上一向有别。薛仁贵居于龙门而碑称他为汾阴人,大概是沿用郡望的缘故。史籍中所载薛仁贵和后人均不作汾阴人,可能是反映出当时官府记录再不以郡望依归的作风。唐初在整理户籍之际,实行过"以地为断"的措施,即是以所居地为准的登记方法[6]。薛仁贵后来应募征辽时的官府记录,如果因为他居住的地方,把他写作龙门人,并不为奇。薛仁贵属于河东薛氏一族,当无疑问。

如果说薛氏是个地方豪强大族,薛仁贵的先人也有类似薛强、薛通类型的人物。《资治通鉴》在每个人物初次登场时通常都会提到他的籍贯作为一种介绍,但薛仁贵在卷一九八初出现时除了说明他是龙门人外,还特别提到他是薛安都的六世孙。薛安都实在是一个颇为特别的人物,因为他不但在南朝当过将军,而且也在北朝任过同类职位,所以他的传记,分见《宋书》卷八十八(又参《南史》卷四十)和《魏书》卷六十一(又参《北史》卷三十九)。根据这些记载,他籍贯河东汾阴,世为强族,同姓三千家,父亲是上党太守。薛安都身长七尺八寸,年少时已经以骁勇闻名,弓马功夫了得,喜欢结识年轻侠义的朋友。5世纪中叶,拓跋氏向南扩展,他和族人与其他本地势力起兵抵抗,不幸失败,因此到黄河南岸，投奔于宋。他虽然似乎以前在北方政府中未任过重要职位，但大概由于他在地方影响大，加上能带兵，所以获南朝政府加封军职，并让他领军北讨。他先后在南方宋朝政权的四个皇帝下任职：太祖（文帝）、世祖（孝武帝）、前废帝和太宗（明帝），度过20年之久的时间。他晚年一度有意支持刘子勋建立政权，但未能成功，失败后又复北还。他以军功留名后世，最有名的一次，是与号称万人敌鲁爽的会战：他单骑直入，把对方斩首，当时人认为可与三国时代的关羽斩颜良相比美。

不过从薛安都到薛仁贵之间，再没有出过同样多姿多彩的人物。《新唐书》卷七十三下宰相世系表有薛仁贵祖家的详细资料：前述的六祖安都，是后魏镇南将军河东康王，五祖道龙无官，四祖荣是后魏新野、武关二郡太守、都督，澄城县公，曾祖仲孙无官，祖父衍是后周乡（原文作御，当误）伯中大夫，父亲轨是隋襄城郡赞治。薛仁贵曾祖虽然似乎未曾入仕，原因不明，可能史籍失载，也有可能青年早逝，但父祖两代又再任官，可见薛仁贵纵然不是出身高官贵族之家，亦应该不是近年一些为他作简传的人所谓，属于贫农，又甚至在地主家当雇工[7]。

在地主家当雇工的说法，不知有何根据。但薛仁贵出身贫农的说法，相信是本于欧阳修撰《新唐书·薛仁贵传》中的一句话："少贫贱，以田为业"；估计欧阳修和《资治通鉴》的作者司马光一样，曾见过现在失存的薛仁贵碑，但后者似乎采纳了碑中说法,以薛仁贵名礼,以字行。欧阳修却在他著的《集古录跋尾》卷六中云:"薛仁贵本田家子,奋身行阵,其仅知姓名尔。其名曰礼字仁贵者,疑后世文士或其子孙为增之也。"这两位宋代史家对薛仁贵的不同看法,其实部分反映了他们的史学修养。欧阳修和司马光相信都同时见到一些《旧唐书》编者未见的材料,前者更看到有关薛仁贵年少务农的记载。但他大概由于不像司马光那样,有编修通史的经验,对隋唐以前的历史有较深的认识,故此未能注意到薛安都在南北朝时曾经活跃一时。他似乎未能注意到隋唐之际不少人物都是以字行,而名和字往往不易辨别,故薛礼名不见史传亦非个别例子。宋代的另一位金石学家赵明诚便曾以同是河东汾阴出身的薛元超为例,指出他在唐史及父碑中皆名为元超,在杨炯所写的行状中却以振为名,因此以为"唐初人多以字为名"。近年所发现的薛元超碑,亦印证了这个事实[8]。其余唐初人以字行者,论者便曾指出,如尉迟敬德名恭、殷开山名峤、姚思廉名简、苏定方名烈、武平名甄、高季辅名冯;以字显者,如秦琼字叔宝、姜确字行本、高俭字士廉、王綝字方庆,都是较为著名的例子[9]。看来欧阳修在新传所谓薛仁贵"少贫贱,以田为业",实有点看不起薛仁贵的出身的意思。但唐代武将以仁字入名不少,最有名的莫过于后来先后出兵百济的刘仁愿、刘仁轨和孙仁师,其中刘仁愿更可能是混血的胡族后人[10]。玄宗朝也有张仁愿。而用仁字入名的亦不限武将,文臣中如唐初的崔仁师、傅仁均、赵仁本、狄仁杰等，都可为例。欧阳修未察觉到这点，因此怀疑薛仁贵的名字是后世文士或其子孙所加，似乎近于过犹不及了。

不过，薛仁贵的家世和谱系并不是完全没有值得怀疑的地方。上记《魏书》中薛安都的传记载传主有"子侄群"：他的两篇传记中所见的儿子名字即有道标、达、承华、罗汉、道异、道智、道次、伯令、环龙，又有从弟道生、从子索儿，但其中并无《新唐书》宰相表所见真龙与薛仁贵的五祖道龙。一个可能是二人是旁支，未见史籍；另一个可能自然是捏冒。南北朝时期社会上流阶级讲究品第，到了唐朝风气并未完全改变。唐太宗修《氏族志》，刻意把当代统治阶级的序列，代表旧日的社会门第。唐高宗登位后，以李义府、许敬宗为首的一班新兴官僚，发现这种做法有利提高本身社会地位，起而效之。可能为了争取更多支持者，他们的做法是"兵卒以军功致五品者，尽入书限"，最后的结果就是《姓氏录》。目前似乎并不清楚除了几位主事者，还有谁在该事件中是得益者。应该注意的自然是薛仁贵当时正合乎登记在《姓氏录》中的条件。所以如果说他因《姓氏录》的编撰而得和薛安都拉上关系，亦非不可能。而薛仁贵后来在战场上的表现，与薛安都相比，或可形容为不相伯仲，用血缘关系把二人串起来，自然较易令人信服。

出身论应该不是现代评论人物的方法，出身决定论更应该被唾弃，但了解一个人的出身无疑有助于了解他的行为。不管薛仁贵是否薛安都的直系后代，不过他是河东薛氏一族，多少受到薛氏家风的影响，却是不易否定的。

第二章　才兼文武

正史通常不记载历史人物幼年、少年的生活，即使有，亦通常都极为简略，而且多流于公式化。两《唐书》中所见的《薛仁贵传》，可说属于前一类。传统小说和通俗演义便看准了这个缺点，设法补充，因此显得特别动人。

目前流行的评书《薛仁贵征东》在谈到薛仁贵，说他是龙门地方一个庄园主薛英晚年所生，而薛仁贵童年是个哑巴，十多岁仍不会说话。除了薛氏家族可能有庄园外，这些都可说不是真实的。因为如前所记，薛仁贵的父亲是薛轨而不是薛英；而所谓哑巴不过是基于民间传说，说薛仁贵是上方白虎星转世，15岁以前，因白虎星没有入窍，故不会说话。在民间特别是在道教星宿的信仰中，白虎是凶神，所以评书中的薛仁贵开口说话不几天，双亲便病死。另外民间风俗又以二月二日为白虎生日，但古人的准确生日，很少见于历史记载，薛仁贵亦不例外。因此薛仁贵与白虎拉上关系，相信并不是因为他的出生日期。主要原因，其实应该是与白虎星一向代表的观念有关。《礼记》卷三《曲礼》上记："行前朱鸟而后玄武，左青龙而右白虎。"而唐初文人孔颖达的《五经正义》的注则谓："行前朱鸟而后玄武，左青龙而右白虎者，此明军行象天文而入阵法也……军之左右生杀变，应威猛如龙虎也。"由此可见，白虎星是主军事的星宿，小说家设计薛仁贵为白虎星投世，无非用来突出主角的出身非凡，与正史中帝王出生前母亲均曾梦龙一类的把戏相类。

然而薛仁贵的青少年是如何渡过的？薛仁贵死后七年，朝廷官员苗神客曾为他撰碑，但该碑目前已失传，只能间接知道内容一二。按照当时人的书写习惯，内中亦不一定有很多地方提及碑主的早年，似乎曾经有机会看到碑文的欧阳修或其他史家，亦未在正史中对薛仁贵的童年、少年以至青年时期留下什么记载。故此，要理解薛仁贵的前半生，并不容易，只能靠其他的线索，做一些合理的推测。

据《旧唐书》及《新唐书》薛仁贵的传记，薛仁贵卒于永淳二年（683年），享年七十。依此往前推算，他应该生于隋大业十年（614年）。前章引《新唐书》世系表记薛父轨曾为隋襄城郡赞治，依书中惯例，表中所记各人官职，多为最高或最后任。再据《隋书》卷二十八，郡丞在大业三年（607年）始改名郡赞治，故薛轨任职襄城，当在大业年间，由于薛仁贵出生在大业年间，故薛轨起码活至大业九年（613年）。当时隋朝正遇到以杨玄感为首的反政府势力接二连三的冲击，薛家经历情况虽无记载，但薛轨任职，当带同家眷，他所居一区在隋末唐初连年兵灾所受的社会动荡，可从唐初人口的大幅度下降窥知[11]。薛家命运，不可能没有受到这种变故影响。《新唐书》记薛仁贵参军前，准备将先人改葬还乡，如果所载可信，则薛轨似乎客死异乡，说不定就是在隋末唐初的动乱期去世。换言之，薛仁贵很可能是因逃避战乱而返回薛氏宗族聚居地。我们不知道他究竟失去单亲或双亲，但如果说他童年是个孤儿，由族人养大，亦并非不可能。除了通俗小说中的薛仁贵少年父母病卒外，明代记薛仁贵事的传奇《白袍记》其中第一折《开场》介绍剧中人时，便谓主角父母双亡，虽然是小说虚构，却有可能与事实相符。但俗曲歌谣中更把这事归于薛仁贵命薄，则无疑纯是迷信。

南北朝时期宗族关系密切，隋末唐初风气未改，薛仁贵既然在老家成长，不免多少受到家族的传统和当地的社会风气影响。薛氏一族是当地历史悠久的大族，薛安都以武术知世，已见前章，隋末占据陇西，有意问鼎中原。同样出身河东汾阴的薛举"凶悍善射，骁武绝伦"[12]，同时代的薛氏中，又有先人或是自敦煌移居的薛世雄、万彻父子，但迁到河东成为汾阴人，未知是否因为染上当地习武风气，成为隋唐名将[13]。由此看来，武术是河东一带薛氏的族学和家学的主要部分。龙门即今山西河津县，山西的地方志便记河津县东7.5公里的大黄村，是薛仁贵故里。当地有白虎冈，接卧麟山，平冈屈曲，前临汾水，有红蓼滩，又名射雁滩，因为据说薛仁贵曾经在这里射雁[14]。这个传说至今依然流行。白虎冈的名字，与前述民间传说薛仁贵是白虎星不无关联，故很可能是后人所加。不过薛仁贵后来既以射术知名，年轻时必然曾下过功夫，地方志记录纵或是民间传说，也不无与事实接近的可能性。不过如评话所说的，薛仁贵除了到处拜访名师、遍访高友之外，又得一位云游天下的道长收他为徒，传授了他三年武艺，却连名字也没留下，无疑流于荒诞。

　　明代的《白袍记》由于受到传统传奇成规的影响，不得不将薛仁贵塑造成一位才子型的人物，他不但是骁勇战将，也像多情书生。故此作为伏笔，全剧开场的第一句就是"昔日仁贵博览古今书"，而他后来功名不遇，妻子又以"你胸中万卷书，何必恁忧虑"去开解他。由于《白袍记》在传奇的后半再未提及他的博学，因此，有现代的研究者认为，由于熟读万卷书在战场上似乎不起任何作用，传奇中的薛仁贵形貌像一个战功卓越的文弱书生，却显得十分奇特。

　　有趣的自然是历史上的薛仁贵没有亦不能博览古今，但他的学问修养的确可能比同时代的人，特别是一般武将为高。《旧唐书》和《新唐书》的《经籍志》里都载有《周易新注本义》一书，作者赫然就是薛仁贵。我们没有办法肯定这个作者就是后来三箭定天山的薛仁贵，不过亦似乎没有绝对否定的证据。但有一点应该注意到的，就是隋末唐初的大儒文中子，在河东地区非常活跃，他先人虽然出身太原祁县，但大概是他在河东地区居住的缘故，亦有记载说他是龙门人[15]，亦即薛仁贵的同乡。王通死时，薛仁贵只是个儿童，不可能直接在他门下学习，不过王通的门人中，又有出身河东汾阴、修习《易经》的薛收，而王通的孙子王勃，亦曾著有《周易发挥》五卷[16]。可见《周易》之学，在当时的河东地区是一种热门科目，要学习并不困难。所以，如果薛仁贵在年轻时曾有志趣于易学，实有培养这方面兴趣的人文环境。假使我们接纳《本义》一书是薛仁贵的作品的话，则薛仁贵在年轻时，必曾花了相当时间在文武修行上，他的学问根底，不太可能是从军以后始培育出来的，更何况他后来出为武将的事，不无偶然因素在内。单从卷数来说，薛仁贵的《本义》比王勃的书可能篇幅更大，而至宋代仍能流传，必有相当价值，所以不能不说薛仁贵在易学上有颇高的造诣。可惜的自然是此书今日不存，未能一睹这位一代名将的学问功夫。

要达到可以立言境界，薛仁贵必须有相当好的家庭背景来支持。若他是孤儿，则族人的照顾大概不可或缺，才能有此成绩。

因此，欧阳修用"贫贱，以田为业"来记述他的少年期，不无言过其实之嫌。事实上，唐初虽常被史家以"贞观之治"来称誉，但当时工商业仍然未发达，纵然是高官富人，又有几个可以完全脱离农耕社会"以田为业"的生活方式？不过，薛仁贵出征前似乎未凭先人资历取得一官半职，这是因薛父在隋代官职不高，更兼较早辞世的缘故。后代小说家看到未有官职一点，便大事渲染出一套英雄发迹的事迹：薛仁贵因命犯白虎而家道中落，更因一场大火，弄得家徒四壁；由于他不懂生计，以致忍饥挨饿，遭叔父冷讽，企图自杀，幸得一个卖豆腐的王茂生所救，介绍他到柳员外家做工，得员外女儿柳青盼雪夜赠衣，弄得二人被逐离柳家；后来柳小姐以身相许，但薛仁贵无一技之长，只能以打雁为生，屈居破窑。前面提及的地方史志除了记薛仁贵射雁事，又记薛仁贵曾居住的地方是个寒窑。这究竟是小说取材于地方志和地方传说，又或由于故事流行，弄假成真，载入地方史册，实在难以分晓。

上面提及的人物中，唯一有可信性的是薛仁贵的妻子。小说与杂剧等中，有作柳金花，有作柳银环，亦有作柳迎春，但实际上新传及地方史志只谓薛妻姓柳，但未记名字。唐人墓志和墓碑，往往提及他们妻子，而女性有本身墓志或墓碑的，更在不少，不过提到女氏名字的近乎无有，正史中提及女性名字的亦不多见，薛仁贵妻子柳氏并非例外。柳氏也是唐代河东著名大族，以薛仁贵的背景，加上当时门当户对的婚姻风气，他的妻子很可能就是河东柳氏。《旧唐书》卷一六五记柳公绰一族,谓"言家法者,世称柳氏"。柳公绰本传虽然记他是京兆华原人,实则他先祖亦出身河东,不过因当官而移籍[17]。他事后母薛氏30年,姻戚竟然不知是他继亲,反映出柳氏对礼法、亦是家法的严守。这位薛氏未知又是否出自河东,若然,则又是一个河东大姓联姻的例子。柳氏家法,甚至见于家中奴婢。《北梦琐言》卷四记有一名出身于柳公绰的儿子仲郢家的婢女,虽然卖给了其他人,但见到主人和卖布的商人打交道,竟然生出不能"事卖绢牙郎"的想法,感到气愤之极,继而诈作中风状,以求主人令她休息[18]。这种近乎变相罢工的行为,今日看来或许十分势利,却反映了唐代家法影响的深远。

据《新唐书·宰相世系表》,薛仁贵长子当是薛讷,根据他在《旧唐书》卷九十三和《新唐书》卷一一一的传记,他在开元八年(720年)去世,年72岁,即生于贞观二十二年(648年)。后代有关薛仁贵的戏曲有《汾河湾》,内容记薛仁贵投军立功后,回乡探视妻子柳氏和他离开后始出生的儿子,这个算法,在此适用。但如果薛讷79岁才去世,便是生于贞观十五年(641年)。如果薛仁贵在生子前一年结婚,按第一个计算法当时应34岁,从《册府元龟》卷一四七等所收贞观元年(627年)的《令有司劝勉民间嫁娶诏》所见,唐代"男年二十、女年十五已上",便算过了适婚年龄。女性方面可从墓志资料得到证实[19]。由此看来,薛仁贵多是晚婚，又或薛讷当不是他的长子。从宰相表又可看到，薛仁贵子除讷外有慎惑、楚卿、楚珍、楚玉，由于后三者同一字排，故可能与其他兄弟异母，亦即薛仁贵可能二度结婚，又或许有妾。《新唐书》本传载，薛仁贵在应募前曾想将先人改葬，必然已预备好需要的大笔费用。因此他纵然宦途未顺，但并没有任何证据和迹象，显示他曾经好像后代的小说中所描述的一般穷困。

第三章　弃农从军

薛仁贵之所以能够在历史记载中以至民间的英雄榜上占一席位，可说完全是他在征辽一役中表现出色所致。事实上，坊间的评书《薛仁贵征东》，就是把这件事作为全书主干而加添枝叶。为了神化和突出薛仁贵的形象，全书即以"李世民夜半梦贤臣"为开始。所谓贤臣，自然是书中的主角薛仁贵。评书记唐太宗李世民把国家治理得井井有条之后，一夜忽然做起梦来，梦中打猎时碰见一个青脸红发的马将，要杀李世民，李世民力战不敌，落荒而逃，但坐骑陷入淤泥，在大叫救命之际，薛仁贵即出现救驾，但他把李世民的马救起后，自己打马便往河中走去，连人带马，跳入水中钻进的一个大龙口中，只留下四句诗。李世民得徐茂公，亦即历史中的李勣之助,把诗中所藏谜语解开,得薛仁贵名字。徐茂公还从人马跳进龙口一事,得出薛仁贵住在龙门县的结论,故事亦随着唐太宗如何派人找寻应梦贤臣而发展下去。

小说家的构思,是把唐太宗和薛仁贵套进一种明君良臣的儒家模式中,利用做梦带出主角,却给人一种上天安排、命中注定的佛家想法在内。不过,读者既然差不多已可猜到结果,为了使故事更吸引人,小说家便不能不把良臣遇明君的事尽量推迟,而薛仁贵投军征辽的事,亦变得比较曲折和复杂。在小说家笔下,薛仁贵本来家境不错,但一场大火,烧得片瓦无存,家贫如洗。后来得朋友的怂恿,加上妻子的鼓励,于是到在龙门招兵的张士贵处投军。张士贵其实是唐太宗特意派到龙门去找应梦贤臣的将军,可是由于他在唐朝没有立下什么功劳,同时又想让自己的几个儿子和女婿飞黄腾达,不惜处处压制薛仁贵,只让他当一个管理炊事的火头军。

虽然上述所记的是小说内容,但部分也与历史相符。例如薛仁贵投军时曾经得到妻子鼓励事,可见于《新唐书》本传的记载,而张士贵亦同样是唐初的一个真实人物。他的传记,见于两《唐书》,他的墓葬,更在20世纪70年代被发现。另外,一些情节的灵感,同样亦是来自历史记载。例如唐太宗预梦薛仁贵事,虽然是出于小说伏笔的需要,属于虚构,但《新唐书·薛仁贵传》便曾记载薛妻柳氏的一番话:"……今天子自征辽东,求猛将。"

而唐太宗后来见到薛仁贵后，亦承认高兴得到武将人才。因此，把唐太宗对年轻猛将的渴望夸大为梦见薛仁贵，基本上仍是一种本于史实的夸张，不完全是凭空想象的空中楼阁。

不管小说家的看法如何，历史学家似乎都同意，薛仁贵是自动愿意参军而非强迫的。《旧唐书》的记法是："贞观末，太宗亲征辽东，仁贵谒将军张士贵，应募请从行。"《资治通鉴》亦以为薛仁贵从编户应募。所谓编户，亦即在政府有户籍的平民。总之，薛仁贵是自动投军而非被征。薛仁贵的命运从此改变的决定，是他自己所做的？又或依照《新唐书》传记所述，是他在考虑妻子的意见之后所做出的？如果我们认为薛、柳二人出身大家族，则他们夫妻同意把葬先人的事搁下而先去投军，不能不说多少是一种对家中礼法挑战的行为。究竟行伍是否那么吸引人，薛仁贵参军的动机又在哪里？

以功名说去理解薛仁贵征辽动机唯一的弱点，大概是上述记载只见于《新唐书》而未见《旧唐书》的薛仁贵传记，而原文又可能本于唐人胡璩所撰的《谭宾录》。不能不问，柳氏对薛仁贵投军的意见在多大程度上曾经文人润饰？究竟《新唐书》和《谭宾录》所载是否可信？有关薛仁贵一段事迹，小说成分会否多于历史本质？因为《新唐书》卷五九《艺文志》便把《谭宾录》归入小说家类，另外宋代的目录学著作《郡斋读书志》以至《宋史·艺文志》同样把同书著录于小说家类。不过值得注意的是《郡斋读书志》所记:"皆唐朝史之所遗也。"就目前所见书中佚文,不少与正史雷同,有值得正视的史料价值[20]。不过,我们自然不可能因而否定其中亦有部分道听途说的地方。事实上,以薛仁贵传记中所见柳氏的说话的可信性,由于与宫廷中基于史官笔记的实录性质不同,所以实在难于比较,或随便加以否定或肯定。但《谭宾录》一书未见《旧唐书·艺文志》收录,大概因为编者未见,或许正是这个原因,柳氏事迹亦未见于《旧唐书》薛传。

评书中唐太宗梦见的薛仁贵只有二十二三岁。另外有关薛仁贵的戏曲中,有戏目分别叫作《夫妻相见》和《窑前戏妻》,内中提到薛仁贵当初投军一别,年方25岁,而离开的时候是贞观五年(631年),白面无须,而回家时有谓12年、13年、甚至18年后事,见到妻子仍然花容月貌,于是有调戏以试贞节的举动。这当然是无中生有,而其中的基本内容,亦与历史颇有距离。征辽是贞观十八年(644年)而非五年事,按卒年倒算,薛仁贵这年应是31岁,不再是血气方刚的年纪。小说唯一值得参考之处是提出征辽不是薛仁贵首次参军的可能性,因为贞观五年唐朝边境虽然无战事,但贞观六年(632年)开始,唐朝可说每年都有一些维持国内少数民族地区治安的军事行动,而为了巩固唐朝在一些边境的统治,亦有一些较大型的出征。鉴于官修历史中的传记,通常倾向于隐恶扬善,不收入个人无甚表现的事迹,再考虑到薛仁贵的年纪,如果说他曾经参加过这些行旅,不过未立大功,直至辽东一役始有发挥才能的机会,并非完全不可能。但我们既得盖棺论定可以做事后孔明的优势,便不能不认为,以薛仁贵的本领,似乎不应该在这些战事后没有获得多少官职。我们当然亦可怀疑,即使薛仁贵曾经立功,古史亦可能欠载。但在这种情形下,太多猜测并无太大用处。要理解薛仁贵的军事生涯,仍应该从他从军征辽谈起。

唐太宗在提到征高句丽的目的时,曾提出"为国报子弟之仇,为高丽讨弑君之贼"[21]。在众多参与征辽的将士当中,相信有部分带有为隋代殁于辽东的先人报仇的心理。但没有证据能有力地说明薛仁贵也属其中一分子。与此同时,另外一些参军者,则无疑是为了赏赐。史载太宗至定州,"有不预征名,自愿以私装从军……皆曰:不求县官勋赏,惟愿效死辽东"[22]。记录或有夸张,也多少可见当时愿意出征者军回后有机会当县官。我们不能小看县官,因为这是地方最基本的统治单位,也是体现国家权力与一般人民的接触点。贞观十三年(639年)唐朝政府对全国进行调查时的结果,有县1551个[23]。当然,不可能每个人都可以委派当县的最高长官县令或县丞,因为这个职务通常由中央直接任命,但是每个县里仍有不少其他职位,可达数十人之多。一个州的下级官吏已经是由本地人充任,县也自然不会例外。由于这些职位长期由同一班人占据,他们在地方上的影响,以至可以从中得到的方便,是不难想象的。而这些职位能出现空缺,相信也是不太容易的事情。故此,征辽能够有相当的支持者,并非没有原因。事实上,不但征辽可得职勋,即使是支持征辽行动,也可得到名利。安州人彭惠通便曾因捐出布帛5000段为军资,被封为从七品下的文散官宣义郎[24]。

贞观十八年一役,是唐朝第一次征辽,亦即以在今朝鲜半岛北部与东北亚部分地区的高句丽为目标,但当时的人大概没有几个会不知道或忘记隋炀帝的征辽失败。薛仁贵的家族是否因上次征辽出现变故史未有载,但他的宗族中,必有曾参加过这个曾经引起全国不安决定的成员。薛仁贵既有学问,似乎又有田可耕,经济能力可以容许他归葬先人,纵然不是大富,生活应该是没有大问题的。故此他入伍原因,很可能正如新传所记,是他妻子柳氏所提出的:"图功名以自显,富贵还乡。"事实上,薛仁贵或许学问不错,但要在同乡中靠名额有限的贡举或制举出人头地,恐怕并不容易。他既有族传武学,从军不失为一途径。他虽然经济上没欠缺,但若能够利用这个机会取得一官半职,得到的满足当不单是社会地位的提高,而且物质上亦可能有相当的赏赐。

这个解释亦为后世的文艺工作者乐于利用,加以发挥。新传所载柳氏的动机,本来是个人性格的"自显",是一个相对自私的意图,但在传统以至现代的文人笔下,她关心的往往变成不单是家,更兼有国,显现出一种以大义劝夫的面貌。我们当然不能完全否定薛仁贵没有杀敌报国的豪情壮志。比他较晚出生的杨炯,虽然以文人知名后世,也曾留下肯定从军立功的诗句:"宁为百夫长,胜作一书生。"但这种情操,是出于"烽火照西京,心中自不平"(《杨炯集》卷二《从军行》)的结果[25],情形与薛仁贵入伍时唐朝未受高句丽威胁的贞观末年不完全相同。总而言之,薛仁贵参军,利的因素无疑较义的激发更大。

第四章　猛将与兵募

薛仁贵妻子柳氏鼓励他出征时说的话是："今天子自征辽东，求猛将，此难得之时，君盍图功名以自显？"不管柳氏曾否说过这段话，但应该反映了唐朝人对征辽一役的认识。其中最重要的，莫过于"难得之时"四个字。

难得的第一点，是唐太宗的亲征。唐太宗马上打天下，在建立唐朝的基业上立下重要功劳事，可说无人不知。我们大可认为，实际上有不少的军功出于他的臣下，不完全是他个人的功业。我们却无法否定，他在登上皇位之前，有一段不短的戎马生涯。但他在做了皇帝以后，虽然对军事兴趣未减，但屡次外征，他都只在朝廷指挥，又派大将领军，而从未亲上前线。征高句丽的一次，不能不说是例外。一方面由于他早有征辽的意向，另一方面则是国家为帝王亲征做准备时，相信必有与非亲征的场合有别，所以他的亲征早为民所知，实不为奇。

难得的第二点，是唐太宗求猛将。要打仗便要有兵将，要打硬仗更需要有猛将。《隋书》卷二十九《地理志》记隋帝国东西9300里，南北14815里，而同书卷八十一记小小一个高句丽，只有东西2000里，南北千余里。但一度号称200万雄师，而实质上也出动了百多万的隋军，竟然被高句丽弄得一筹莫展，最后更间接导致了亡国，不能不令有意向隋炀帝功业挑战的李世民认定高句丽为强敌。为了对付这场硬仗，素以懂得用人见称的唐太宗自然不会浪费利用手下人才机会。柳氏所谓求猛将，或许不如说求军事人才来得更贴切。程名振被委为平壤道行军总管便是个例子。史载，太宗将征辽东，特别召见他，见他似乎应对欠表现，于是以"山东鄙夫"等类近乎侮辱性的字眼来试探他的反应，结果程名振反而不失辞理，因此得以领军。《资治通鉴》记载这件事时，未有提及程名振曾经任营州都督府长史，营州是唐东北国境的前哨站，长史就是今日的军事参谋，所以唐太宗召程名振，除了看中他善用兵这一点外，他在边境的经验也是一个考虑因素，这一点在郑元璹身上表现得最清楚。他在当时已经退休，但唐太宗仍找他出来，原因正是他曾从隋炀帝伐高句丽。不过他似乎以运输困难为理由，反对太宗的军事行动，令皇帝颇为没趣[26]。虽然如此，我们仍然可以见到太宗为了渴求人才而愿意听取不同意见的一面。

薛仁贵往投的张士贵，其实也是唐太宗在征辽一役中另一个重用人才的例子。在有关薛仁贵的小说中，张士贵是个头号的典型反面人物，他不但是个庸才，更处处阻拦有本领的薛仁贵，假传圣旨，曲解王命，三番五次将薛仁贵的军功归功于自己的女婿。文艺工作者塑造出这样的一个人物，无非令读者对他痛恨，从而更加同情主人公。但如果真正的张士贵有如小说家笔下一样，他大多会编入《佞幸列传》一类。但载有他传记的《旧唐书》卷八十三和《新唐书》卷九十二，前者专载唐初的有名武将的列传，亦正是收有《薛仁贵》的一卷，后者则将张与其他隋末曾为"盗"，后来则投唐的武将同列。1972年，张士贵墓发掘清理后，有墓志出土[27]，亦证明他是非常早便投唐的人物，欧阳修将他传记重新合排的归类方法，并没有说服力。

小说家并没有解释何以号称知人善任的唐太宗会信任张士贵这样的人物，但据他的史传、墓记及其他记录，唐初他一直在唐太宗麾下征讨，可能立下不少功劳，后来更曾参与所谓玄武门之变[28]，因此他曾经任屯卫将军，管理皇城内重的北军。贞观六年后，他曾经多次领兵外讨，而且一直管理屯兵。由此看来，他是太宗非常信任的一位将军。贞观十五年，他曾领兵征讨薛延陀。当时身为兵部尚书的李勣率兵6000、骑2000，右卫大将军兼云州道行军总管李大亮率兵4万、骑5000，而右屯卫大将军的张士贵则率兵1万、骑7万[29]。他的职位排名虽稍次于李勣和李大亮，但他的骑兵数目却最多，可见他应该是唐军中最善于率领骑兵队的主帅。事实上，史载他"臂力过人，弯弓一百五十斤，左右骑射，矢不虚发"，而在破薛延陀一役中，他所率的主力，便是夏州骑士[30]。墓志载，他在贞观十六年（641年）十一月授兰州都督，又迁幽州都督，跟着以谴去官。我们不肯定他的遭遇是否有如侯君集一样，因牵涉入皇位继承人的政治斗争中而受责[31]，但征高句丽事似乎使太宗重新考虑他的利用价值。他在征高句丽时所带职衔仍为幽州都督[32]，可见他仍未有新的官职，或许期待他将功赎罪。总而言之，张士贵的再度起用表示了太宗极为重视他的军事才能，但与此同时，也可以说反映了当时的将才日渐凋零。

薛仁贵要投军，何以会找到张士贵？早在唐太宗刚登位时，突厥趁唐朝皇室政变，新政权未稳，于是乘机入侵，在名为便桥一地，令唐太宗狼狈万分，成为史家所谓渭水之耻。根据墓志，张士贵当与刘师立两人负责招募壮士，不足10日，投军张士贵的便有万多人。我们不管他用什么方法募人，但墓志把这事记下，必然是一件相当重要的事。显而易见，这是一种临时性质的招募，与伯希和文书2979号所见，100年后以里正差遣兵募的情形不完全一样[33]。所谓兵募，可说是相对府兵而言。府兵是有固定的兵籍和编制，而募兵自然是指临时征调的非正规军队。但征辽一役又如何？

《册府元龟》卷一一七对贞观十八年唐出兵情形有下面描述："百姓见往岁击突厥、吐谷浑、高昌，并指期摧殄，无不勇于赴敌，争从招募，矜其臂力者不可胜数，或引佩刀刺股以示勇决，进攻城器械者相次于朝堂。"但由于"太宗忧百姓劳役，凡有顿舍供费之具，减者有太半焉"。这里有几点可以讨论。首先，如果记录可信，则贞观初期唐对突厥、吐谷浑、高昌的出兵，均曾招募兵士。同书卷九八五载，贞观三年（629年）末唐讨突厥时出动了六位总管，他们分别是行并州都督李勣、兵部尚书李靖、华州刺史柴绍、灵州大都督李道宗、检校幽州都督李孝节、兼营州都督薛万彻。至于贞观八年（634年）击吐谷浑时，亦一样是六位总管，他们是特进李靖、兵部尚书侯君集、刑部尚书李道宗、凉州都督李大亮、岷州都督李道彦、利州刺史高甄生。征突厥领兵者多是边将，故兵士也可能大多出自边军；讨吐谷浑的地方军将亦占了一半，故地方军亦必然仍有相当比例。两次的总兵数并无记载，但似乎不多，太宗甚至在八年一役中自认是以寡敌众[34]。但此情形以后渐有改变：十二年（638年）反击吐蕃时有步骑兵5万[35]，十三年伐高昌时的汉蕃联军中也有步骑数万[36]，十五年讨薛延陀时兵势更盛，有近11万之多[37]。而带兵将领，前两次没有边将，只有最后一次为了对付兵力达20万的薛延陀大军，始出动了营州都督张俭和凉州都督李袭誉。这几次行动虽无招兵记录，但仍不能因而否定其曾经实行的可能性。

　　前段所引记述中应注意的是，文中提到击突厥、吐谷浑、高昌三役，均是唐主动出兵，从两《唐书·本纪》得知，命将期均在年底，而实际军事行动均在次年初，中间有段时间做准备，足可供募兵之用。但另一方面，未提到的是对吐蕃和薛延陀二次的命将与战斗记录，前后相差只有一个月，而且兵数可观，表明了唐朝似乎在很短时间内即能征集组成大军，军队来源，可能主要是府兵。因此，贞观年间征辽前的军事行动虽没有募兵记录，但部分在时间上不能否定有曾募兵的可能性；不过即曾募兵，新招兵并不是组成军队的必然部分，更不是军队的主力。考虑到可能募兵的战役均由唐主动进击，所募新兵亦即所谓"兵募"的作用，一方面是从数量方面补充常规军队数目的不足，因为一次调发大量府兵，会影响到正常运作；另一方面则是质的提升，亦即是由于战事的实际需要而招募的特殊或精锐部队。据《资治通鉴》卷一八一，隋炀帝第一次征辽时，"发江淮以南水手一万人，弩手三万人，岭南排手三万人"，可说是最早的例子。《册府元龟》卷九八五载，贞观十四年（640年）唐攻高昌，太宗召山东善为攻城器械者，悉遣从军，因此后来出现撞车、抛车以及《资治通鉴》所称巢车攻城的战争场面。[38]

　　史载，高句丽一役有陆军6万人，海军4万人，加上数目不明的边军及蕃兵,似乎也不必大事招募。其中海军在长安和洛阳募兵 3000 人,陆军方面欠具体数字,但相信也不会很多。[39] 从时间上看,命将事在贞观十八年十一月农闲时分,离次年出发的二月尚有两个多月,亦有时间去募军。《唐律疏议》卷十六拣点卫士征人条载:"征人,谓非卫士,临时募行者……拣点之法,财均者取强,力均者取富,财力又均,先取多丁。"[40] 这肯定了兵募不会是出自贫家子。兵募如果是精锐部队,特加拣选也是自然的。《唐六典》卷五兵部载:"凡天下诸州兵募,取户殷、丁多、人才骁勇。"[41] 所述虽然是大半个世纪以后的制度,但无非从唐初制度发展出来。张士贵是骑兵将领,他所负责招募的自然是马军,骑术和箭术了得的薛仁贵要投军,找他最为适当。时间上不容许张士贵把新招到的兵士从头训练,所以他必然会在应募者中挑选一些他觉得满意的,故薛仁贵或须通过弓马二事以至其他的测验。《唐六典》所谓兵募要"人才骁勇"或有考试成分在内。令人感兴趣的是,张士贵是虢州人,河东亦有他的墓葬[42],故薛仁贵投军碰上张士贵,未知与两者是同乡是否有关。不过唐代最晚到了武则天时,兵募已有由地方政府负责迹象[43],唐初是否同样,未能肯定。张士贵曾经到河东地区招募,也非不可能,不过时间上是否充足,不无疑问。

事实上,从同一地区参加征辽一役当然不只薛仁贵一人。民国时代王维新编的《襄垣金石考》,便收有初唐时代人连简的墓志,志中记他是潞州襄垣人,曾经参加征高句丽。当时志主"以六郡良家,首蒙招募,白夫勇进,战斗先鸣,蒙称飞骑"。他是否在太宗时出征,又或在高宗时出征,无法清楚。但他在永昌元年(689年)去世,年66岁,故若他曾在贞观十八年,即他21岁时,参加过此次征高句丽一役,并不为奇。不过他不一定似薛仁贵一样热心功名,一方面他刚到21岁,即所谓成丁的年纪便当兵,而碑亦记他"蒙召",所以看来是府兵。另一方面,他的碑记除了这次远征外,再没有多提他生平其他事迹,相信他未有任过官职。不过他祖父是齐并州太原县令,父亲是隋汴州博士和洛州参军事,故无疑出身良家[44]。这虽然是两个例子,但看来贞观十八年征辽一役,唐朝在河东地区所组织的远征军,虽然不一定有很多作战经验,但素质不会太差,是一支颇精良的军队。

第五章　征辽背景

贞观十八年，薛仁贵踏上他一生中的首次征途，从此改变了他的命运，也使他成为日后千万中国人所熟悉的民间英雄人物。究竟当时的历史发展，特别在国际关系和国内政治上，如何提供了这个薛仁贵妻子柳氏形容为"难得之时"的机会？在这次战役中初露锋芒的薛仁贵，在参战之时对当时的情况又有多少理解和认识？

中国大陆与朝鲜半岛的关系，自当不由隋唐开始。据《史记》卷一一五《朝鲜列传》，在战国时代，朝鲜与真番两个地域，服属于全盛时期燕国。这个记载，由在朝鲜半岛西北部发现的燕国明刀钱所证实[45]；汉代长城，更以浿水为东界。为了对付塞外日渐强大的卫满，汉武帝出兵平定朝鲜，设置四郡。汉势日衰后，土著力量相对增长，出现夫余和高句丽称王情形。王莽曾试改高句丽为下句丽，但后汉一朝，高句丽仍维持所谓外臣地位。汉末三国初，公孙氏一度雄峙辽东，但高句丽亦继续强大。东晋时，慕容氏前燕替代公孙度占据辽东，曾与高句丽发生冲突，亦曾在和好时加以册封；高句丽为自保，同时朝贡东晋。随着南部的百济和新罗的扩张以及高句丽国土的北移，朝鲜半岛与其北部，逐渐形成三者鼎立之势。汉初所建的乐浪、带方郡，再不由中原政权控制。这种国际关系和力量的变化，加上中国中原政权分裂，令各国间外交活动频繁，而中国宗法式的君臣册封制度，乃成为维持各地秩序的一种重要手段。中国大陆上的政权在大多时候并无能力影响东邻政权的内部运作，甚至需要他们作为外交平衡的砝码，但为了维持一种固有的大国心态，于是在外交文书上，不时使用基于册封、以对方为藩国的理论，以保持本身的优越感。册封与朝贡因此亦渐渐成为定式，使东亚呈现了一种新的、以中国为中心、多元化的天下秩序。后人通过册封与朝贡的变化，可以从中看到各国在当时的国际政治地位与势力的消长[46]。

隋唐虽然承袭了这一种体现于册封制度的天下秩序，但统一的中国的强大国力，在维持和体现这种秩序时，很快就流露出与过去多元化政权的分别。《魏书》卷一百《高句丽传》载孝文帝太和年中（479—482年），北魏在山东外海逮捕了高句丽派往南齐的使人，于是下诏责备高句丽王："……卿越境外交，远通篡贼，岂是藩臣守节之义！"但指责只停止在口头警告的阶段，并没有行动上的表现，而且还将使人送回高句丽，对方亦似乎无甚反应。但到了隋朝情形便开始改观。据《隋书·高丽传》，隋灭陈后，高句丽王汤感到唇亡齿寒，治兵积谷，加强防卫。隋文帝知道后，便送去一封警告信，指高句丽心谋不轨，如果不守藩臣之节，不排除加兵的可能性。高句丽王收信后，奉表陈谢始告无事。由此可见，虽然中国中原政权视朝鲜半岛政权为一种藩臣关系，但不同时候有不同的态度。继高汤的下任高句丽王或许未明个中道理，竟然引兵侵隋边境，这次隋文帝不再客气，边兵虽然早已获得胜利，但他仍然派出30万征讨大军，把高句丽王吓得要自己加上"辽东粪臣"的不雅名号以求和。

隋炀帝征辽失败是众所周知的，以所谓客观的必然原因来解释征辽的发生，远不如一句隋炀帝好大喜功来得有说服力[47]。隋炀帝本来就属于一个外向型的皇帝，他在君主生涯前半部的作为，建新都、开运河以至通西域，虽然在人力物力上均付出相当代价，但在促进与异邦交往上，却影响深远，为后代在经济上带来不少方便。不过，征辽却找不到同样可取的一面。隋炀帝初登台时，国力形势是否足够和适合征辽，是一个不易回答的问题。隋炀帝在大业三年北巡，突厥使人告知他高句丽有意和突厥通好，这个外交照会，其实说明了突厥的立场是倾向于隋的。隋炀帝对这件事的反应是通过使者,命令高句丽王入朝,否则将与突厥联军征讨。隋炀帝需要和突厥共同进退,可说亦显示了他了解到本身的后顾之忧与力量的不足。[48] 不管如何,隋炀帝的第一次征高句丽是可以理解的,他当皇帝以后从未打过败仗,而他亦为这次远征做了相当的准备,国家的资源亦或勉强可以应付。《隋书》卷八十一《高丽传》指责他的专制与第一次出征失败有莫大关系,因为在前线的将领事事要向他请示,不单令行军受阻,更间接成为对高句丽屡战屡败的一种鼓励。但参同书卷六十的《于仲文传》,这个说法似乎不尽合乎事实。但不管隋炀帝对第一仗的失败应负多少责任,他再度出征,引致再次失败的决定是可以商榷的。杨玄感的政变或许剥夺了他第二次征辽胜利的机会,但他一意孤行,念念不忘计划第三次、甚至第四次远征,无疑只暴露了他的固执和愚昧。可能正因此故,晚年的隋炀帝似乎愈来愈变得神经质。据非正史的记载,大业十一年(615年)他在雁门被突厥围困时,一度怕死得与8岁的孙儿相拥而泣,两目尽肿,而他在当时答允了的不再征辽和授勋军人的事,事后竟然反悔。他坚持到江都前所作留给宫人的诗:"我梦江都好,征辽亦偶然。"[49] 第二句近乎自欺欺人,因为在大业三年他第一次出巡的目的地,就是日后征辽基地的涿郡,可见他当时已考虑出兵高句丽,只不过他在中途遇到突厥的盛大招待,不得不更改活动而已[50]。

薛仁贵的童年,就是在这样一个背景下渡过的。他父亲曾任职的襄城县在隋属颍川郡，在唐初则是河南道汝州，但隋初本有襄城郡，后来在大业改名为汝州，他父亲也可能曾在此任职。但不论何者，两处都在河南地区。大业十一年十月，卢明月起兵的消息传至朝廷，他手下有十余万人，活动于"陈、汝间"，陈州即淮阳郡，也是在汝州附近。隋朝当时派了张须河南道12郡黜陟讨捕大使。单从职称，便可知道反政府活动势力的蔓延程度[51]。为人熟知的李密和瓦岗军，亦在同一地区活动。古代史家形容这些人物为盗，今人则改称为农民起义领袖。不能否认的是，他们的出现，是对征辽带来种种劳役的一种逃避甚至对抗。薛仁贵出生于大业十年，如果他曾经在这些反政府活动引起的战乱中逃亡，因为年纪太小，可能记忆不多，但在成长过程中，必然曾经从家人和族人口中，听到不少有关该时期的事迹。这些口传历史，也可能提到当时在河南、山东的大水，从而引致各地出现的饥荒、死亡和更多的兵乱[52]。他们纵然不把时代的悲剧全归于隋炀帝一个人身上，亦难免多少会提到征辽事件。李渊起兵太原时，内中便有逃避征辽的长孙顺德和刘弘基，起兵之时，更曾冒炀帝敕动员河东北部地方人为兵，用以扰乱人心[53]。长孙顺德和刘弘基都不能算是一般平民，前者是隋室的外戚，后者的父亲在隋是州刺史，本身靠荫入仕，亦即是以家族的官位背景任官[54]。两人都不愿意出征高句丽，多少反映部分上层社会对这场战争的看法。如果薛仁贵在老家河东长大的话，对这些当朝新贵起家事迹,以及征辽战争种种的消极面,多少亦必曾有所闻。

如果这些旧日的历史并未阻止薛仁贵投军,隋炀帝的失败亦同样没有令唐太宗走上同样的道路。后代的史家对这两位君主的评价多数大相径庭,但亦可以指出,他们其实有相同的军事贵族背景,甚至有血缘关系,而在性格上更不无雷同地方。隋炀帝父亲隋文帝的独孤皇后,是唐太宗父亲唐高祖的姨母。这两位第二代皇帝的登基经过与手段,以旁门左道来形容或许过分,但方式显然并不十分正统,前者通过母亲施加压力,最后演出一幕废太子;后者发动的"玄武门之变",更开唐朝宫中继位问题斗争的先河。单从这点,已可见到两者好胜心之重。唐太宗李世民比隋炀帝杨广稍胜一筹的,是他能够有后者做参考。贞观四年(630年),有官员因为位于中南半岛的林邑"表疏不顺",即在外交上礼仪不对,建议出兵讨伐。唐太宗说:"隋主亦必欲取高丽,频年劳役,人不胜怨,遂死于匹夫之手。"他更大方地认为:"言语之间,何足介意?"明年,康国来归顺,他又似乎因为不想为了卷入西域的政治纠纷中兵行万里,提出"劳民求名,非朕所欲"[55]。从这几件事看来,他似乎是位愿意与民休养生息的和平爱好者。

但唐太宗很快便呈现出他和隋炀帝相通的地方。贞观六年,他便指出:"炀帝威加中国,颉利跨有北荒,叶护国富兵精,雄踞西域,此三君可谓盛矣。"[56]这记录虽然下接一段君臣应该互相勉励的话,但不难看出,唐太宗所标榜的,其实是可以用军事力量来达到的强势统治。因此,随着唐朝国力逐渐恢复,对外征讨亦日益增多,部分行动并不是纯防卫性,而是同时带有进攻性的。贞观八年、九年(635年)的吐谷浑之役仍可勉强说是源于对方入侵与扣押使人,实际上已有打通西域的动机[57];而贞观十三年的伐高昌,不仅以扫清中西陆路交通阻碍为满足,更在那里建立以唐制为依归的新地方政府[58],反映出唐太宗的对外政策已在改变。事实上,在伐高昌之前的贞观九年,他便自认能与自己"克胜四夷"相比的,只有秦皇、汉武。记录虽然又以唐太宗如何希望大家"毋进谀言"为结束[59],但他有意超越二人的心态,可说跃然纸上。李世民治国态度的变化,亦反映在对同一问题的不同答案。贞观十二年,他问侍臣:帝王之业,草创与守成哪个困难?在听完房玄龄和魏徵的答案后,他指出草创困难阶段虽然已经过去,但仍然有守成之难要与大家共度。3年之后,他再问同一问题,魏徵表示守国甚难后,他即反问:只要任贤能、受谏诤便可以的事,怎会是难[60]?由此可见,守天下已被这时的唐太宗简化成为任贤和纳谏两件事,而治国不再是需要小心谨慎去应付的事务。贞观后半期的李世民,正在寻找一些刺激的、新的挑战。

　　唐太宗虽然口头上自比汉武帝,但汉武帝在朝鲜曾立四郡,而他在这方面却一无建树。唐建国后,在隋末负责征辽运输工作的高祖李渊,曾建议放弃与高句丽王的君臣关系,但受到朝臣反对。后来朝鲜半岛三国出现纠纷时,他派朱子奢去排解,而高句丽亦奉表谢罪,可见双方仍然维持旧日的藩臣礼节。太宗登基初期,两国关系没有大改变,唐破突厥后,高句丽送上"封域图"的举动,或更可视为一种承认唐在北亚的盟主地位的表现。双方关系在这个时候,本来不无有走向和平共处的可能,不过唐太宗对高句丽并不十分友好。贞观五年,他派军人到高句丽去毁灭当地的"京观",即垒积中国战亡的军士骸骨,用来夸耀胜利的土堆装饰物[61]。唐太宗不一定有意非针对高句丽,因为他同时也埋收了国内在内战期死亡军士的骸骨[62]。不过,这个措施仍然引起高句丽的不安,到唐的朝贡停止了。与此同时,高句丽更在边界建立长达数百公里的中国式的长城。要防御的假想敌人,除唐外再没有第二个。

太宗和他的大臣未知曾否预料,贞观十四年唐灭高昌的一个间接结果,是令高句丽对唐的态度有所改变。因为唐如果要向外扩展,则与高昌同属农耕型政权的高句丽,无疑应该首当其冲。高句丽的疑虑使统治者改变策略,放弃对峙态度。贞观十三年,在唐命将出征高昌但却专有行动之前,高句丽便派使入贡,年底又派王子到唐[63]。高句丽这个改变,无疑是希望纳入唐的天下秩序后,可以减少冲突的可能。

同一件事情,从不同角度出发往往有不同的看法。高句丽希望利用派使构成和平契机,唐太宗却从中看到一个找寻新挑战的机会:唐朝为了送高句丽太子回国,派出了职方郎中陈大德为使人。陈大德是高句丽太子到唐时的接待使[64],所以他陪同对方回国,似乎因利成便。但从隋至唐,似乎从来没有派遣职方郎中为远方使人。据《唐六典》卷五,职方郎中的职责,包括"四夷之归化",同时亦掌管全国的地图和镇戍、烽堠等边境国防驻点数目,是个负责军事情报策略的职位。因此,陈大德到高句丽的任务除了履行外交礼仪外,与高祖朝被派往高句丽、文人出身的朱子奢明显有别。不管他是否要把唐的学问带往高句丽,他相信必然是要把高句丽的山川地形,或其他任何有用的军事情报,搜罗回唐。唐本来大概可再派朱子奢出使,因为朱子奢在贞观十七年(643年)时,仍在朝廷中担任谏议大夫之职[65]。之所以选择陈大德,相信并非偶然。为了达到目的,陈大德在高句丽时,以中国特产丝绸,换取地方官员提供各种方便。而高句丽为讨好他,亦殷勤招呼。总之在征辽发生4年前,唐太宗早有出兵高句丽的考虑。虽然高祖朝时高句丽曾送还近万名因战乱而流落彼邦的华人,但单是隋炀帝征辽第一役,便只有数万兵士在兵败后可以脱身回国[66],故此滞留当地的人,当有数倍之多。陈大德回国后的报告中便提到他见到不少华人,部分在当地结婚生子,定居半生。奇怪的是太宗的反应,他并没有对这些同胞表示多少的关怀,他似乎觉得这是无关痛痒的,因为"高丽本四郡地"。所谓四郡,自然是指汉武帝所立的四郡。虽然陈大德的报告指出这些人思乡情切，但唐太宗仍然无动于衷，他没有想到利用外交或其他途径去设法安排这些人回到故乡，他自始至终关心的，只是军事上如何取得胜利，他认为只要出动数万兵卒，便可以轻易获胜，不过由于经济未复，所以不想劳人[67]。

如果说唐太宗蠢蠢欲动，继突厥衰落而冒起的薛延陀亦在北边虎视眈眈，成为唐室的后顾之忧。从经济考虑是太宗在贞观十五年放弃用兵薛延陀，而一度在次年改用和亲的手段去换取和平的主因[68]。更加劳民伤财的高句丽远征，自然亦不能不暂时停留在纸上谈兵的阶段。高句丽同年发生政变，大臣泉盖苏文（本作"渊盖苏文"，史书为避李渊讳而改）杀了高句丽王和近百名大臣，立旧王的侄为新王。武德九年（626年）突厥在"玄武门之变"后不久即入侵的经验，令太宗清楚政权未稳时要对付外敌的困难。不过虽然有官员主张太宗如果出兵高句丽，应该把握这一时机，但是太宗再次以经济理由，加以否决[69]。

唐太宗的顾虑，绝不是多余的。他在先天方面与隋炀帝虽然有相近的贵族血统，但在后天方面所治理的国家却远不如隋炀帝的富强。隋末唐初的外征、内战、天灾，导致人口的大量死亡和流散。贞观十三年政府曾做了一次大规模的人口调查，发现户数只有300多万、口数则不过1300多万，相对于隋的最盛期，只不过三分之一左右[70]。然而民生问题只能暂延他征服高句丽的意念。在刚否决出兵高句丽后不久，太宗自己又提出以契丹和**靺鞨**

兵进击的可能。但这次反对的却是大臣，理由是高句丽已经有准备[71]。事实上，陈大德的报告中便提到他与高句丽王相见时，对方盛陈兵甲，因为"惧中国而自强也"。另一名可能是朝廷派往高句丽祭旧高句丽王的使臣，亦建议唐室应该加强边防[72]，可见高句丽确有军事戒备。在此情形下，唐太宗暂时打消出兵高句丽的念头，再度以同样的名号赐给高句丽的新君主。

不过朝鲜半岛的纷争很快又给予唐太宗另一个军事插手的机会。新罗与百济在半岛南部不和，前者处于劣势，向高句丽求救不遂，反受攻击[73]，于是改而向唐请援。贞观十七年九月，新罗使人到唐，唐太宗提出三个解决办法。第一个方案是唐与其他部族出兵进攻高句丽；第二个是由唐给予新罗唐兵军服和旗帜，用以阻吓百济军队；第三个则是唐派海军攻击百济，但事成后唐将派宗室统管新罗以维持安定，直至需要结束[74]。以新罗兵冒充唐军的第二个方案纵然成功，亦只能是短期而非治本之策。第三个实则等于要管治新罗，无疑令新罗难以接受，所以太宗本身相信是属意于第一个可以让他有进军高句丽借口的方案。新罗没有回复，而唐又派使到高句丽，继续在外交上扮和事佬的角色，不过这次到高句丽的使者相里玄奖再没受到陈大德类似的待遇[75]。高句丽也许知道在外交上犯了相当严重的错误，因为唐方边将和蕃兵已经在贞观十七年七月一度出击，不过为辽河所阻[76]。高句丽希望亡羊补牢，在贞观十八年九月送上"白金"为贡物，唐朝拒绝后，又表示愿意再上贡50人为宿卫。这是个相当大的数目，但可惜来时已晚，接二连三出兵机会的诱惑，使唐太宗已经无法再抗拒。唐朝在高句丽使者到唐前两个月已经发出远征的命令，为了防止消息过早泄漏回敌国，倒霉的高句丽使者于是成为唐朝的阶下囚，大概因为这个缘故，唐的一位使者亦同时被对方所拘禁[77]，局势顿呈紧张。

对于这些错综复杂的外交关系，薛仁贵大概一无所知。他或许听闻过唐太宗要亲征，但他并不知道太宗这个决定，曾经在朝中受到不少反对。从现存记录可知曾反对又或未赞成的朝臣中，包括主张停止出兵的宰相房玄龄、建议等待更适合时机的外戚长孙无忌和提醒太宗不要轻率从事的谏议大夫褚遂良。《资治通鉴》更谓有群臣谏征，而大臣中唯一支持这次军事行动的是李勣。李勣是个典型的职业军人，他的立场应该在某程度上反映了军中的一些想法，不过军中反对这次战事的也不乏人，例如后来领海军出征的尉迟敬德、张亮、姜行本，以及当时病倒在床的李大亮[78]，都曾经表示过不支持征辽方案。

如果说支持征辽的军人好战，其实有一定的社会原因。相对于政府中的事务官员，军人虽然有国家定期的支给，但要获得晋级并不容易，必须有机会让他们表现本领，才能得到职阶上的提升。而他们的额外收益，主要亦是从征战中得回来，或由国家赏赐，或自本身在战乱中抢掠所得。因此，贞观初唐灭东突厥后，不少人指李靖军队不守法纪，太宗虽曾加责备，但实质上没有多理会，李靖更得赦罪录勋。太宗在征辽时也曾征询李靖的意见，他虽然又老又病，兴趣依然不减[79]。贞观初君主对臣下赐赠奴婢的数目与规模或许比前代相对退减，但仍然不少；另外每次战后，特别是游牧民族的牲畜，均成为唐军的重要胜利品。唐初一些将军墓葬中所发现的陪葬品和壁画中，有家内奴婢、家禽和其他牲畜的不少，实反映了他们的社会生活[80]。薛万彻与薛仁贵同是河东人，他的庙和故宅都在后代的河津县，也就是龙门[81]。他和兄弟在贞观初参加了破吐谷浑一役，获杂畜20万；后来破薛延陀，又获马1.5万匹，儿子亦因他的功劳封为县侯。薛万彻的兄长万淑，在贞观初是营州都督和检校东夷校尉，有相当出色的边政治绩[82]。如果任官的愿意和边境民族打交道，营州都督是个肥缺，薛万淑情形因传记简单而不清楚，隋代的韦艺便因此"家资巨万"，他的行为虽为一些清高的人所不齿[83]，但对于有意发迹的人，却可能不失为效法对象。有这些同乡的经历，也难怪要追求功名的薛仁贵，个人的冀望虽然与唐太宗不一样，却也乐于不辞万里到东北边境去。

　　参军或许是当时通向荣华富贵的一条捷径，但愿意走这条路的人，特别在平民百姓中并不多。唐太宗虽然在对外战争中比较克己，但由于社会经济仍然元气未复，支持拥护他外征政策的人民，只是少数而不是多数。隋末战乱时，民不聊生，不少人伤残自己身体部分，称为"福手""福足"，用意在逃避征戍。这种情形到了贞观十六年重新出现，以致政府不得不严令禁止：犯者不单"据法加罪，仍从赋役"。史书以无赖之徒尚习未除去解释立法原因，无非不愿意承认太宗时征戍再成为人民感到负担的事实[84]。换言之，唐太宗在不少人的心目中，其实不过是另一个隋炀帝。据《资治通鉴》，这年年初太宗曾经下令"浮游无籍"的人补办户口登记手续，这种人的出现，相信亦是因为不想服役而成为没有户籍者，是一种古代反战者的消极行动。这些事实，都分别说明了当时社会因为征役过多，带来了普遍的不安。由于政府的高压手腕，唐太宗的征辽，起始不无支持。但精明的唐太宗无疑也察觉到人民的负担，因此做出地方人民不必为外征军劳费公告天下。太宗又命民间提供给军队的各样补给"减者太半"[85]，个中意思，似是政府减低向民间无偿征用军用物品的数额，已经征用的多余部分政府予以发还。与此同时，太宗在向天下发出的《讨高丽诏》中，极力地去说服人民相信唐代的远征高句丽是与隋炀帝时代不同的。他认为隋时高句丽王仁爱其民，如民父母，而隋炀帝不单令兵士疲于屡战，更残暴其下，成为众人的敌人。但唐时域外皆委质奉贡，而兵无不胜，更兼丰年，所以征辽有所谓五条必胜的道理，诏文最后一句更坦白地希望人民不必疑惧[86]。应该承认，太宗这些措施，无疑比隋炀帝略胜一筹，但征辽不受人民欢迎的程度以及引致的不安，却不过是五十步与百步的比较。

深入人心的薛仁贵形象，是个勇敢的民间英雄。历史上的薛仁贵则或许曾钻研学问，却未能得到满足，改而弃文专武。他投军征辽的决定，不无需要勇气的地方；但真正令他走上历史舞台而成名的，却是一个与民间意向，甚至与不少朝臣想法相违的决定。唐太宗出兵高句丽的经过，使人清楚地看到中国君主的专制政治在外交方面的施行实态。不过正是这种"一言堂"政治文化，让薛仁贵在日后得以留名青史。

第六章 征辽成名记

薛仁贵既然因唐太宗初征高句丽一役中成名，究竟这次战役的经过如何？薛仁贵在此次远征中，实际上又担任了一个什么角色？他立了什么功，有没有影响到战局的变化？

如果说唐太宗在实际征辽前已经孕育了出兵的意图。可以想象，一旦他要实行这个前人三番五次失败的计划，必定有相当详尽的打算和准备。事实上，早在薛仁贵未决定参军之前，征辽的各种筹备工作已进行得如火如荼。贞观十七年七月，负责国家工程的将作大匠受命去到洪、饶、江三州，造船400艘以载军粮。这三州分别在今鄱阳湖的南、东和北面，与隋时在山东半岛的莱州造船是个显著分别。原因与莱州人民经过隋代的教训，再不容易接受同样任务有关[87]。不过,莱州依然是唐海军的基地。唐太宗在贞观十五年听完使人陈大德从高句丽回来后的报告,初次提到征辽时的构思,基本上是海陆并重。具体地说,就是先派陆军攻辽东,然后以海军直取平壤。这个策略无疑是参考过隋炀帝的经验的。事实上,如果《隋书》卷六十四和《北史》卷七十六收来护儿的传记没有太大夸张和歪曲事实的话,则隋代三次出兵中,海军除了第二次有因为杨玄感之乱而未有越海进攻外,其余两次均可说节节胜利。第一次在陆军未抵达时已到了平壤,并且攻破外城,不过由于部队因胜生骄,只顾抢掠,未有进一步行动,而陆军失利,因此不得不班师。经此一役,高句丽有所准备,但隋海军在第三次出兵时却选择了辽宁半岛东部登陆,在击破敌方两城后,本来要再度直捣平壤,但高句丽施出第一役在对付隋陆军曾经见效的办法,向隋炀帝表示投降,并且送回隋叛将斛斯政。隋炀帝由于国内出现大规模反政府运动,加上军队士气不振,早已无心恋战,自然乐得回师。统率海军的来护儿虽然一度有意抗命,而且得到麾下将军支持,但军中的参谋却以奏闻炀帝来要挟回军,结果众人慑于隋炀帝的专制,再度收兵返国。所以,唐太宗重视海军,实在是有当时历史背景的。

由此看来,论者以为中原政权由于本身不善海战,所以如果要由海道征服高句丽,必先取得朝鲜半岛南部的百济以为基地的说法[88],或许可以解释唐最后攻灭高句丽的情况,但并未完全符合其他时代的实情。征高句丽的关键不在于哪一方的军队较善海战，因为主要战斗根本不在海上发生。事实上，考虑到分裂时期南方政权长期以长江为界抗拒北方南侵的经验，隋唐时的海军力量和造船技术，不可能比以陆战为主的高句丽军队差。问题在于中国军队，不论是陆军又或海军陆战队在抵达前线高句丽后，如何获得补给的问题。隋唐最接近高句丽的东北边镇是营州，亦即柳城县。按《通典》卷一七八的计算，这地方离洛阳4110里，离长安更达5000里之远。这个当然不是指地图上的直线距离，而是按驿站所得的计算。这个距离，成为行军一大难题。隋文帝第一次以四子杨谅出征时，军队似乎未到临榆关，已经"馈运不继，六军乏食"[89]。而临榆关属北平郡，离柳城尚有500余里，可见军队未出战便面临兵粮不足问题，故此役亦以兵戎未相见为结束。《隋书·帝纪》对隋炀帝时因征辽运粮者的形容是"填咽于道，昼夜不绝，苦役者始为群盗"，《资治通鉴》更指出军粮的需求加上天灾令谷价踊涨。《隋书·食货志》则记当时的海军全由"江淮南兵"组成，兵船数百里，都载有军粮，可见海军的重要性，与保持军给有密切关系。为了征辽，唐太宗亦不得不派大臣到河北和河南两道征收粮食。其他海军的兵源，主要是"江、淮、岭、峡"的4万劲卒，和炀帝一样，同样来自南方，以长江流域地区为主。三位主要领军将领中的左难当，亦是江南人[90]。

海军虽然在战略上和供应军需上担任重要角色，但要彻底击败敌人，还得靠马步兵合成的陆军。贞观十八年七月，太宗已下诏命令营州都督张俭率领幽州、营州两个都督府的兵士，连同契丹、奚、靺鞨等蕃人军团，先击辽东以探声势。十一月，太宗抵达洛阳，点将募兵。见于史籍的海军将领有8人，领4万多人，陆军将领则有11人，领步骑6万[91]。由此看来，如果陆海军编制一样，则每军的数目大约有5000人左右。陆军由力主出兵的李勣统领，礼部尚书李道宗为副总管，下面的9个将军分别是张士贵、执失思力、契苾何力、阿史那弥射、姜行本、麴智盛、吴黑闼、张俭与安县和。除了6万步骑外，又有兰州和河州的降胡，数目未明。值得注意的是，除了大总管和副总管外，9个行军总管中起码有5个是所谓蕃将，即执失思力、契苾何力、阿史那弥射、麴智盛与安县和。他们所领导的，主要是在唐控制领域中过着游牧生活的部属[92]。另外张俭如前记，所领的是边兵，其中也可能杂有不少蕃兵[93]。曾任将作大匠的姜行本擅长造攻城器具[94]，他所带领的当是特种工程部队。事实上，他一接受命令，即开始督工造攻城用的梯冲。吴黑闼则似乎是在隋末和秦叔宝、程知节等所谓"山东豪杰"一同投唐的马军将[95]。由此可见，张士贵所带领的当是关陇以至河东地区的精选兵团，亦大概是薛仁贵所属。尽管我们以为各行军总管所领兵数不一样，我们亦没有强有力的论据，可以赞成募兵是这次出征主要兵源的说法[96]。

薛仁贵应募投军，相信是在命将前后的事情，亦即贞观十八年秋冬之际。应募兵士既然和府兵同是出征，应用的军需品纵然不完全一样，亦大同小异。这些主要包括弓、矢、箭袋、取火兼磨刀用的砺石、解绳结用的锥子、御寒用的毡帽和可穿在上身的毡装、今人称为绑腿的行藤等。府兵如果没有准备好，可以受到处罚[97]。唐在开元年间兵募的个人武器装备和军用物资，是由地方政府供给的[98]。在唐初参军的薛仁贵的情况虽不清楚，但如果他作为兵募参军的话，也不必担心军备。隋炀帝征辽时的陆军，由政府供给百日连人和马的粮食，另外又配给盔甲和各种武器及军用品。唐初经济虽不如前朝富庶，但兵数较少，政府提供军备的情形应该一样。隋时由于每人负重达三石以上，其中军粮占最大部分，使不少人不胜负荷，又因军令不能随便放弃军粮，最后索性把粮食埋在军营地下，致军队途中便缺粮，间接招来败战[99]。唐太宗大概吸取了这个教训，他在解释征高句丽缘由的诏书中便特意指出：军队会准备大量牛羊为食用，可以使"人无弃粮之费，众有随身之赡"，令行军比隋时稍为轻松。

　　唐太宗话虽如此，实行起来却不见得顺利。陈寅恪氏早已指出，由于气候关系，北方冀辽间的雨季在旧历六七月间，而八九月至二三月又是寒冻期，所以要取胜，必须把握出师时机，而三月已经在辽水，第二次同样在三月初已在辽东。唐太宗虽然早在贞观十八年十一月到了洛阳，但他在次年二月中始离开，而三月九日到定州，停留了半个月才离开，至四月初始在幽州誓师出发。

这其中的延误，很大程度是因为运粮问题没有解决好。太宗非常关心运粮事务，把任务交给了韦挺。隋炀帝第二次征辽时负责运粮的杨玄感曾倒戈相向，使破辽东城功亏一篑。韦挺女儿是王子妃，故类似事件应该不会重演；而且韦挺父亲曾任营州总管，留下经略高句丽的著作，亦使他成为理想人选。但以知人见称的唐太宗这次却看走了眼，韦挺虽然收了皇帝亲穿过的貂裘以及皇室用马两匹，到了幽州却不先检点河路，反而置酒高宴。秋天军粮运到后，却发现河运拥塞，方寸大乱。以刑罚加诸官民以求补救，但未有收效，情形弄得更糟，加上下雪，问题更无法解决。太宗最后终于不得不另找高明。他的原本计划是在贞观十九年（645年）春"大举"[100]，所以在前一年十二月便发出了一封近乎宣战的诏书，但在这种情形下，军事行动便不得不拖延下来。

民间文学记载薛仁贵的军中生活，颇多加插曲。例如评话记薛仁贵投军后，张士贵派他做军中做饭的火头军。在大军向登州途中，薛仁贵走进一个山洞，肚饿起来，吃了9条小牛仍然不够，又吃了两只小虎，并且得到女道姑赠送三支箭和一张弓。他后来又娶了一个樊员外的女儿。在登州海边摆了个龙门阵，还替尉迟敬德写了篇叫《平辽论》的文章。最后更想出烧黄裱纸的方法平静海上风浪，让唐军得以渡海。这里所记，可说无一接近事实，纯属虚构。薛仁贵的初期军中生活，可没有那么多姿多彩。军事行动的阻滞，加上太宗刻意的减低劳民程度，军中的粮食不一定十分理想。事实上，太宗自称离开洛阳后便只食肉饭，没有时令的春蔬。或许正因食物不合，出现一名右卫将军私自拿取驿站贮麸的事件，麸即小麦制面后剩下的皮，藏于驿站当是供马食之用。由此可见当时食物不足的程度。唐太宗为了减轻军中负担，早下令只以宫女 10 人陪从，而他亦没有处罚偷马粮充饥的将军[101]。或许正由于营养不调，在定州时唐军已出现病倒的兵士，而在幽州誓师时，唐太宗更不得不"大飨六军"[102]始出发。唐代礼仪，不论皇帝亲征或讲武，均未记需要享宴[103]，可见此举纯是为了提高士气。但暂时性的满足，并不容易保持军中士气高涨。有鉴于此，太宗在同月九日又下制，一改过去要有优异级的功劳始可授勋级的做法，改为只要有功，即可从高品上累加。史载"六军大悦"[104]，相信薛仁贵亦不例外。虽然如此，出身南方的中书令岑文本，依然水土不服，加上为了筹度出兵事工作过劳，在 4 日之后病死，享年不过 51 岁，[105]唐太宗如果仍然可以觉得安慰的话，大概是与隋炀帝首次出征时在三个月内失去三位将军的情形[106]相比，他还不算太差。

如此看来，即使薛仁贵如果真的如评话中所记，负责军中饮食，他亦不一定有机会满足肚腹之欲。令他较为满意的，可能是他有机会在张士贵应下听命。张士贵在评话中是个自私而无能的头号反派，但真实的张士贵应该恰与此相反。《旧唐书》卷八十三他的本传对他的性格并无着墨，但《资治通鉴》卷一九五所记一则原出于《魏郑公谏录》卷二的记载，有助于理解张士贵的性格。这个记载谓太宗当时因宫廷内"教习不整"，认为是中郎将等的责任，于是派身为大将军的张士贵去以杖打来责罚。但张士贵用杖不力，太宗不满，要把他送去大理寺按法律受处分，事情为魏徵所知，说服太宗把他释放。张士贵长期任屯卫大将军，要找事情发生的日子不易。但相对于滥刑的太宗，张士贵能够在下属面对不如意事仍然流露出一点人情味，对于一个粗线条的军将来说，相信少见。可以想象，他在贞观十九年初期军队受到粮运问题困扰迟迟未进时，当可与部下同心协力，共渡难关。新参军的薛仁贵可能从张士贵口中听到不少过去在隋末唐初各战役的种种事迹，以及因他长期屯任在宫内所得知而外边未闻的各类消息。不管如何，对于可能是第一次如此长期离乡，而周围又有一大群新相识的薛仁贵来说，从应募至上阵间几个月内的等待期，生活或许需要艰苦一点，但在对于河东以外世界的认识，无疑加深和丰富不少。

  薛仁贵实际等待了多久才出发史未明记。张士贵在征辽一役中是辽东道行军总管，又作第一军总管，跟随他的薛仁贵，自是在前线同一军团。曾力主出兵，而此役又任大总管的李勣二月已在幽州，太宗还特别遣使送诏书到他处，似乎是为了替他打气[107]。不过他无疑等得不耐烦，三月左右，带了前军的部分兵马到了辽河。表面取道在辽河东的怀远镇，实际上分兵多路，主力由北面渡河，以令对方守其无备。四月一日，李勣所率的前军已经到了辽河西，在今抚顺附近的玄菟城，对方果然未有提防，只好闭门不出。四月后，李唐宗室的江夏王李道宗亦带了数千兵抵达。位在玄菟北面，以浑河为隔的新城。史载当时有个名曹三良的折冲都尉攻城，从官名可知，这应是一支由府兵组成的军队，再考虑到兵数和主将，薛仁贵不一定在这支先头部队。同月十五日，李勣和李道宗合兵攻盖牟城，11日后城破，获俘2万多人，但更重要的是有粮食十余万石，看来这可能是高句丽的前线补给站。因为如果按兵士每人需粮3石来计算的话，这次所得到的食粮可能已经够唐军之用，亦大概由于这缘故，数字特别见于史籍。不过，唐军也不是没有付出代价，曾经反对出兵的攻城专家姜行本，就在此役中阵亡。

唐军虽然节节胜利，不过辽河最重要的高句丽据点辽东城，仍未到手。五月二日，李勣军至辽东城。八日，高句丽从新城、国内二城的援兵4万步骑来救，而李道宗只能带领骑兵4000迎战。部分兵士看到众寡悬殊，开始军心动摇，有意以守为攻。但在李道宗和一名叫马文举的果毅都尉的自告奋勇下，唐军依然出战，加上李勣从旁协助，唐军似乎取得胜利，还杀敌千多人，不过本身伤亡情形如何史未详载，但总算支撑了一仗。高句丽虽然颇有伤亡，是否真的如史载大败则不无疑问。不过唐军虽然有部分积极分子，军心却似乎普遍不稳。事实上，在这次战役中，一位行军总管在两军合战时即退走，迫得战后立刻要用军法处置[108]。唐太宗在离开长安和洛阳时，两度说过要离开一二年的话[109]。可见他早考虑到出征所需要的时间，及为达到目标所下的决心。他实在不能容忍军队在这时就崩溃，所以在两日后亲率大军渡过辽河。他看到前线的这个情形，大概认为形势不对，于是使出一招破釜沉舟，将渡辽水的桥梁撤走，以坚士卒之心。

说唱文学中的薛仁贵故事，有淤泥河救驾的情节，对薛仁贵的英雄事迹描写得历历在目、丝丝入扣。这个故事，有一定的历史地理背景。辽水西岸，的确有一段路十分难走，称为辽泽。按目前所见记录，唐太宗在五月三日到辽泽西面，而九日到辽水[110]，即走了6日，中途又恰是他父亲的忌辰，不过由于不方便，并没有举行什么仪式，照样行军[111]。这个难行的部分东西距离据谓有100余公里[112]，即平均一日走15公里左右。隋朝军队被敌人追击时，曾有一日一夜走225公里记录[113]，唐军远远不及，自是因为载有大量军备以至牲畜的缘故。负责工程的将作大匠阎立德和他的部队沿途还得做修桥补路工作[114]，可见道路不太畅通。不过这次行军看来也算相对顺利，因为当时辽水似乎水位不高。现记录谓太宗一行过辽水前夕，一夜水减3尺，只是史官将事情夸大以神化太宗领兵的一种笔法，不能过分相信。因为太宗班师，阎立德既然没有阵亡，自应仍然随队，但唐军出现十分狼狈的情形，主要原因，便是辽水大涨。可以想象，唐军在相当恶劣的环境下行军时，必然有人员替太宗开道。薛仁贵这时只是小卒一名，要想走近一睹皇帝尊容亦不容易，遑论在皇帝出现意外时加以援手。所谓淤泥河救驾，自然是后代艺术工作者丰富想象的结果。

薛仁贵在这时或许仍然没有机会见到唐太宗，但渡辽泽却是一次难忘的经历，因为他见到前代死亡将士的骸骨。辽水是隋时高句丽的第一道防线，隋军的工兵队初度造桥失败，令前锋的三名军将战死[115]，时间在三月中。隋炀帝后来在渡河后的四月十六日曾发出大赦诏，但并未提到很具体的胜利，而且做出以运粮远近来分等级的免役计算法[116]，可知必定十分严重。薛仁贵见到的，部分无疑就是这场仗的遗迹。这些前代征辽失败的触目惊心的证据，对于一些从未上阵打仗的兵士来说，在心理上必然有一定程度上的消极影响。所以虽然行军紧迫，唐太宗亦不得不下令将它们埋葬。在诏书中，太宗曾以"遍于原野"[117]来形容当时情景，可见骸骨之多。这件事在一定程度上也说明，唐太宗贞观初派人到高句丽收骸骨事不十分彻底。隋军在高句丽阵亡人数不少，要求收骨事可以做得一干二净，无疑强人之难。但可以注意到，当时的对象是高句丽所建的京观，而非散见野外的骸骨，这无疑比清理原野或泥泽中的骸骨容易。所以太宗所为，如果不完全是替自己建立爱民形象的政治表演，便是多少有向高句丽示威意图，反映了一种征服的欲望。

薛仁贵不一定体会到这些道理。由于隋末唐初的内战，国内亦不无多少前人遗骸，但大多相信早已为人所整理妥当。不论他胆子多大，面对黄淤泥上面自己同胞的累累白骨，总不能完全无动于衷。前人的牺牲，或许令他体会战争的无情，因而唏嘘长叹；也或许使他热血激昂，誓要在战场上奋勇杀敌，以报国仇甚至家恨。和不少同僚一样，薛仁贵这时可能暗祷上苍，使唐太宗不要重犯隋炀帝的错误，从而使他们遭遇同样的命运，遗骨乱散边疆，无人收拾。

隋炀帝虽然三次出兵，兵至平壤，但奇怪的是从未取得过高句丽的辽东城[118]。因此唐军的辽东城首向，可说是关键性一仗。辽东城能成功抗拒隋军的原因，主要在于城墙高。隋军第一次似乎军事情报不足，没有带备攻城工具。第二次虽然出动了飞楼、橦、云梯等，甚至掘了地道，但均为敌方一一击退。最后索性强攻，以装满泥土的布袋百余万个，建一条阔30步、高与城齐的"鱼梁大道"，加上比城尚高的八轮楼车，正要第二轮进攻，却因杨玄感之乱退兵，功亏一篑[119]。当时用的冲梯长15丈[120]，唐制10尺为1丈，以1尺合30厘米算[121]，减去斜度，可知辽东城高约40米。唐军亦是用隋的旧方法，一方面是先用泥土把护城河填满，然后再用冲梯登城。唐军有6万人之多，分成两批或更多批，日夜不停进攻。五月十七日，天气突变，刮起南风，唐军利用这个天时，命令精锐部队猛攻城的西南角，同时试用火攻。新招数果然奏效，未知是否辽东城中建筑多用木做，火势很快蔓延至城内的民居，敌方无法稳守，唐军乘势登城。但高句丽军仍不降，继续以盾应战，相信是用大件的木块，形成一种防御网。唐军于是用抛车飞石，同时又出动长矛队进攻，唐军一度劝谕对方投降，但守军坚决拒绝。但这场攻防战不久一面倒地结束，抵抗者全部歼灭，另外烧死者尚有万多人。唐军前后不过花了7日，便攻取了辽东城。城内人口4万，又有仓粟米50万石[122]。

　　薛仁贵在这场战役中担任了什么角色史未记载。太宗当时带同甲骑万余，披上涂有到百济采回的金漆的甲衣，光彩耀目，但应该不是薛仁贵所属部队。攻城初段，太宗曾亲自到前线巡视将士用泥填塞护城河的情况，还一度动手协助搬运泥土。但薛仁贵既然骑术过人，当是马兵，主要任务应在城周围巡行，或把箭射上城头和城中，等待适当时机入城，而不是要冒险冲上城头的先锋敢死队。在十九日太宗发出可以视为胜利宣言的诏书中，提到几位大将的领军情形。攻辽东城南面的，是总司令李勣一军和由奚、霫、契丹组成，由张俭统领的东北军团；负责运泥土的，则是隋末曾经逃避征辽的刘弘基；负责西南面的是第一军总管张士贵，他"率五陵之劲骑、董六部之良家"，薛仁贵以及前记同样的出身河东的连简，如果参加了这役，都应该在其中。西南角正是唐军首次攻破高句丽守城阵的缺口，所以薛仁贵应该是第一批攻入辽东城的唐朝马军部队。有趣的是，曾经不赞成太宗亲征的尉迟敬德，虽然身为左一马军总管[123]，在这一仗领导的却是黄门军乐队。

唐太宗破辽东后，把城改为辽州，暴露了他出兵的真正动机。如果他只是要推翻高句丽渊盖苏文政权，把大权交回王室，又或拯高句丽人民于水深火热之中，又或为了解救新罗所遭受高句丽侵略的话，都没有必要把高句丽的地方改成唐的行政模式。显而易见，唐太宗要的还有他一直未有提及的高句丽土地。五月二日，唐海军的前军已成功登陆辽东半岛，并且破有8000人居住的卑沙城，继续进兵鸭绿江。另外，四月太宗又曾告知新罗准备兵马[124]。所以他必须快速前进。

二十八日，唐军进攻辽东城东北的白岩城。这次唐军似乎由蕃军领阵。高句丽仍然以守为攻，但他们无疑吸收了辽东一役的教训，不让唐军接近城墙，唐军的外籍部队不得不冒矢雨前进。但敌方的箭阵果然利害，首先中箭的是突厥族的李思摩，为鼓舞将士军心，太宗亲自为他吮血。另外，南方乌骨城数万多人的援兵亦赶到，唐军以另外一位突厥族将军，属铁勒族的契苾何力截击。但由于只有800人，虽然是精骑，但毕竟寡不敌众，被敌将高突勃的矛枪插中腰。于是征辽的第一位薛家将出现，但他不是薛仁贵，而是尚辇奉御薛万备。尚辇专职管理宫廷内交通工具，相当接近皇帝，他的出马，或许是奉皇帝之命未定。只见他单人匹马，在名副其实的千军万马之中，直捣敌阵，在奋战中把受了伤的契苾何力救出。对契苾何力来说，这无疑是一个意外。他出身游牧民族的上层阶级，一向保有本身武术传统，入唐以后的贞观九年，在讨吐谷浑一役中，便大大地发挥出来。他带着精骑千余，把敌人杀得片甲不留，还夺得牛、羊20余万，敌人首领的妻子也给他抢了过来。但最后向朝廷报功的时候，竟然因本身是蕃将而受到歧视，被排于外，当时令他气愤得恨不得一刀将对方了结的，正是现今把自己救出敌阵的薛万备的哥哥薛万均。契苾何力受到感动了，他把伤口扎好，又奋不顾身地冲上战场，敌人虽然往后逃走，他依然追击数十里，直到日落为止，真个说得上是打得天昏地暗。他的伤势亦因而加重，为了表示嘉奖和关心，皇帝又亲自替他敷药。大战一轮之后，令他的气消了不少，加上对薛万备的感激，契苾何力也更加大方。有人把刺伤他的敌军兵士捕获，请他亲手报仇，但契苾何力却反对，指出对方不过各为其主，亦属勇士，然后把他放了[125]。

薛万备的勇武可能不只感动了契苾何力，也可能刺激了同样出身河东薛氏的薛仁贵，觉得自己也应该把平生所学的武艺，好好利用这个难得的机会一展所长。薛万备过去任尚辇奉御，肯定没有多少机会给他活用所长。经此一役，他似乎便成为左卫将军，即由从五品上的官职一跃为从三品。不禁令薛仁贵想起出征时妻子鼓励他的话，也觉得她把这次出征形容为非常之时实在颇有道理。还有什么途径，可以令人从半日间，即可从一个中上级的官僚跃升为上级官僚？不过，正如薛万备救契苾何力的事件显示，马上功夫并不易在攻城时使出，只能在陷阵时发挥。然而攻辽的路程仍远，虽然高句丽城的数目很多，后来亡国时便算得176个，但城与城间平原上的阵地战总免不了，薛仁贵希望的机会，可说必然会到来的。

薛仁贵成名的第一仗是在一个叫安地的地方。非常可惜，由于资料太少，目前对其所在不太清楚。不过从战事的次序来看，安地一仗应发生在渡辽以后和安市城一役之前，辽东之战与下面所述在六月下旬发生的安市之战之间，有3个星期之久。个中原因，或许是在唐孤立安市之前，必须取得辽东和安市间的小城，而安地可能就是两者间其中一个小城。薛仁贵本身的传记只对事情有个很简单的描写，当时有位名为刘君昂的郎将被敌军围困，情况危殆，薛仁贵见到这个情形，跃马向前，不但手斩贼将，还把贼将首级悬在马鞍，敌人见到，尽皆慑服，使得薛仁贵立刻出名。这是第一个清楚记载薛仁贵骑马出战的正史记录，肯定了我们前面认为他属于马军的推论。他成名一役的经过，与同乡薛万备非常相似。一面可说是显出薛家将本色，有其先祖薛安都之风。另一面亦多少令人怀疑是否曾有薛仁贵后人，为了歌颂先人事迹，因此借助一些流行描写将领立功的手法，夸大他的功绩。但由于记录把他救得的郎将名字也写上，故此相信这件事情当有很大程度是基于真实情况。不管敌兵是否如薛传所记,在薛仁贵出马之前虽占上风,但在本身将领被杀后并不逃跑而是慑服,难以否定,薛仁贵的勇猛,在军队中是少有人能及的。

薛仁贵初战成名一役中另一点可以注意的,是唐军再度处于一种敌众我寡的形势当中。不能忘记,隋文帝首次派军出征时有兵30万,炀帝第一次征辽总兵力113万多人,号称200多万,虽然陆军数目在渡辽时不过至30万人[126],但仍然比起太宗时水陆合军才10万的数字多出数倍。我们不知道高句丽的军数,但近百年后的渤海统治者提到高句丽全盛时有强兵30多万,而高句丽在国灭时有约70万户[127],以每两户有一男丁当兵计,便有30多万兵士,在非常时期,这不是一个很高的比例。唐太宗带兵压境,对高句丽来说当是紧急时期,在前线地区甚至全民皆兵亦不为奇。唐陆军不过6万人,且深入敌阵,所以在人数上并没有很大的优势。而随着胜利,唐兵部分军队要担起守城任务,加上需要分头进攻时,兵力更加分散。河东两位薛氏都在类似场面得以成名,并不是完全偶然的。

唐和高句丽兵数悬殊最明显的一仗,也是薛仁贵在高句丽表现最引起人注意的一仗,发生在六月下旬的安市城之役。史载,当时高句丽五部之一的北部领导酋长高延寿和高惠真,带着高句丽**靺鞨**兵,合共15万人来救安市。当时唐军阵上亦有**靺鞨**兵,可见同一种族的**靺鞨**兵正在各为其主,可能要上演一幕彼此残杀的悲剧。史载，唐太宗恐防对方引兵直前，与安市城连为堡垒，以守为攻，来个消耗战，出兵抢夺唐军所带用作军粮的牲畜，于唐方不利，乃决定先以阿史那的突厥兵诱敌出兵诈败，准备速战速决。对方恃兵多，果然中计。唐太宗却派出使臣，给敌带去一信，内容谓自己出兵原在问罪，不在交战，占据高句丽各城的原因，在于取得和确保军队供应。这招似乎有效，因为对方一夜没有继续进军。但同一时间，唐太宗却在做出种种部署。当时高句丽军依山扎营，唐军由于人数较少，正面冲突必然吃亏。于是除了以李勣为帅，带领张士贵等将领从西南方出战，另外长孙无忌则另领兵由东面的山谷攻敌背后。当时唐军不知何故，只有3万人，其中李勣带兵1.4万，而长孙无忌则领兵1.1万人，似乎所有所谓蕃将等另外有任务。唐太宗则带兵4000人，连同大量旗帜和鼓角，试图用声色来迷惑对方[128]。

在人数上，唐与高句丽军相比似乎是一对五，尽管全部唐军在安市，敌军仍然超出己方一倍有多。对于了解到实情的唐太宗来说，这一夜实在难过。如果他输掉这仗，一生英名不单就此丧掉，而且可能还会陷于敌手。堂堂一个唐天子，若落得如此下场，岂不贻笑天下以至万代。他思前想后，自己不是说过"隋主亦必欲取高句丽，频年劳役，人不胜怨，遂死于匹夫之手""北筑长城，东渡辽水，征伐不息，人无聊生，天下叛之，聚而为盗，炀帝安然，遂至灭亡"[129]的话吗？为什么自己竟然可能和隋炀帝有一样的结局？他不是主张对外族应该绥之以德吗？然则自己对高句丽，有过什么值得一书的大德？又或高句丽是藩臣，与外夷对待有别？如果魏徵在，自己会在远离京师数千里的地方吗？一大串问题，他自己也回答不清楚。为了政事、读书和其他事常常半夜不寐的唐太宗，这晚比平日更难安寝了。

在另一个营的薛仁贵却完全是另一个心情。虽然几个月的行军并不轻松，可是过了辽水之后，到了高句丽境内，他的梦想已开始逐步实现了。作为首先入辽东城的第一批军队，他的战利品应该是不少的。高句丽的贵族都喜欢用金银装饰衣冠，从他们的葬俗可知，他们也如中国一样，有服玩车马。另外他们养蚕，即是说应该有丝织品，品质或许没有中国的佳，但设计却别有特色。他们又畜有牛羊，或许没有游牧民族的多，但除行军之用外，一样可带回家。事实上，除了白岩一城外，城内所有，可说任由军人处置。李勣最明白："士卒所以争冒矢石，不顾其死者，贪虏获耳。"薛仁贵在安地所立的功，必令他所分得的较多。不过薛仁贵仍然未满足，辽东一带的高句丽贵族仍未算很多。他希望打到平壤去，为自己再多拿点战利品，可以的话，也替自己争取一官半职，光宗耀祖。他知道明天就是另一个机会，他不清楚敌人有多少，只知为数不少。但他全无恐惧之心。高句丽人用的兵器与中国相同，加上两个月的经验，已经使他摸熟敌人的一路武术，他对自己充满信心。如果他也失眠的话，可能因为是他恨不得天早一点亮,可以让他使出浑身解数,把敌人打个落花流水。

由于即将面临一个充满各种可能性的第二天,因此不论对万国之君的唐太宗,抑或是刚刚成名的薛仁贵来说,这一晚均可能是十分漫长,又或是难忘的一个夜晚。史载,当夜有流星入高句丽营中,事实若真如所记,则除了值夜的兵士外,可能不少未能安眠的人亦看到未定。不过这种记录见于史籍无非是一种封建宿命论,意思是说天早有兆,高句丽将要打败仗。

目前所看到有关唐太宗征辽的最详细记录,相信是出自长孙无忌主修的《太宗实录》,内中不但多处提到长孙无忌的功绩,同时又不时神化了唐太宗的军事智慧和行动。安市之役,是另一个例子。据记录,两阵对垒后,高句丽军便抢攻。但在北山上占得有利位置的太宗远远看到长孙无忌的军尘,于是下令吹军号、击军鼓、举起旗帜,作为唐两军进击信号。高句丽军想分兵对付唐的两路军,但阵脚大乱,这个时候,天空出现雷电。李勣首先以步卒1万进击,长孙无忌继之,最后太宗自己也加入战阵。唐军杀对方2万余人,使对方军心涣散,只顾为了死伤的兵士悲号,而在薛仁贵把对方归路的桥梁撤走或拆断后,对方统帅第二天便率领3.68万人请降。

薛仁贵就是在这一役中成名的。他的统帅张士贵当时和李勣一道,大概紧随李勣所领的步兵,因为根据唐行军的制度,马军当在战队后[130]。薛仁贵的传记清楚地记载,薛仁贵恃着本身武艺高强，胆量过人，欲立奇功，于是换了件白色衣服——不知是否指他没有披上盔甲，总之他的腰间挂着盛箭的容器，一手拿画戟，同时又把弓张开，口中大呼"我来也"，就此杀入敌阵。在一呼百和之下，其余的人亦士气大振，纷纷上前，把敌人打得大败。这时唐太宗仍然未在山上，如果这时果真雷电交加，自然应是一场雨战。唐太宗精锐部队本来金碧辉煌的黄金盔甲经过多月的行军战斗，加上天雨，早就满布污泥，失去了夺目的光彩，反而薛仁贵的白衣显得别具一格。薛仁贵的领军作用，不由得引起了太宗的注意，特别问部下这个白衣先锋是谁，但没有人知道[131]。

　　这场战役，唐军得胜，曾令对方大量伤亡，是不必怀疑的，对方在次日投降亦当是事实。但战况未必是如史官所记一样的一面倒的，唐军中便至少有一位将军死于战阵[132]。唐在战后为了庆祝胜利，赐饮三日，这是相当少有的。在当时，相信是由因岑文本去世而代替任职中书侍郎的许敬宗执笔的赐诏书中，也提到太宗当时的战略是"临事设奇，因机制变"，可知唐军实在没有必胜的把握。在敌众我寡的情形下，唐军的胜利，相信必然曾经付出相当大的代价。不过，中国的史书在记载胜利时，一向都是只着重于己方所得的多于所失的。长孙无忌把敌人归路截断诚然是高明的战术，但从未那么快把对方赶至绝路。从隋代经验和这一次远征的经验也可以知道，高句丽的军队一向都是顽强作战，而任何一支训练有素的军队，均不可能在受了少许挫折便降敌的。

司马光的《资治通鉴》没有采用出于实录中有关这一天敌军战亡的 2 万余人数字，显见他对长孙无忌的记录不无怀疑。《旧唐书·高丽传》也删掉了所谓雷电助唐军的部分，不过亦和《资治通鉴》一样，保留了唐太宗早一晚夜登北山时曾下令在行宫朝堂侧张受降幕一事。我们怀疑，这是否是史官为神化唐太宗有先见之明的另一个例子。

根据唐军胜利后的诏书，四月破辽东城时，"冻雨初晴"。不过以后天气较晴，似乎未有下雨，所以唐军破白岩城时，也是"旭日澄霭"[133]。不过，六月东北地方应该仍是雨季，唐军在安市城外与敌交锋时风雨大作，雷电交加，并非不可能。但这对作战任何的一方均影响相同，不能说对唐军有利，把事情记成"雷电助我军"，只是利用自然现象强加解释。由此看来，唐军的胜利，不能不从敌方军心不齐、将领无心恋战找原因。带领这支高句丽军队的高延寿和高惠真本身是高句丽五部中北部的酋帅，但却来自平壤，而家人亦在平壤。这反映了高句丽国中某种中央集权式的措施未定，而高氏的降唐，可能与他们不太满意渊盖苏文政府这种新政策有关。故此史载他们兵援安市时，虽然本身领兵，但每逢战事，带头的都是靺鞨[134]。后来高氏二人不但降唐，而且还对唐兵攻平壤提出自己的意见，目的是希望唐军夺得平壤，可以与妻子相见，并不完全是史官夸大的记录。我们更可以怀疑，过去曾多次在战场上与对方谈条件达成和议的太宗[135]，在这一役中亦曾用出同一手段，不管是真意或出于策略。由于不久之后渊盖苏文派靺鞨去联络薛延陀夹击唐军，我们亦怀疑这支高句丽与靺鞨联军在这一役中，尤其在是否应降唐问题上，出现过分裂。因为只有这样，才能比较合理地解释为什么在战后高氏二人能得到鸿胪卿和司农卿的高职，下面的酋长等亦得到官职，而一般靺鞨，却遭唐太宗活埋。事实上，高氏所领导的不是高句丽境内唯一不满新政府的地方势力。唐军的新目标安市城，即是另一个例子。该城城主曾经和政变后的中央政府发生过军事冲突，得到胜利后才保存本身的地位。

唐军的胜利，除了将士拼命外，或许尚有其他因素，但唐太宗的喜悦，并不会因而减轻。他在会战当日，见到敌方退兵后，即下马向天一再拜谢，把这次胜利归于上天，多少反映了他的意外惊喜。为了纪念这场战事，他把自己屯兵的地方名为驻跸山，即皇帝车马到过的地方；又令与他同行的将作大匠造一幅破阵图，更命中书侍郎许敬宗为文勒石，把战役的经过记述下来。他更是传书一度在定州的太子和大臣，问他们："朕为将如何？"充分流露出他得意之情。

不过他也没有忘记为他出过大力的将士。薛仁贵便在战后获得特别引见，这次应该是他第一次与当今皇上如此接近。不单如此，他还得到太宗亲赐马2匹、绢40匹、生口以及奴婢10人，另外又被封为游击将军。不过官职实际上职任云泉府果毅，即入了军籍，有别于民籍。游击将军是个从五品下的武散官，果毅自是果毅都尉的简称，由从六品下至从五品下[136]；前述同地区出身的连简在战事结束后才得从六品上的武散官飞骑尉，可见薛仁贵远胜连简。不单如此，唐太宗还把薛仁贵从张士贵的指挥下调任北门长上；北门长上又名百骑，是太宗在贞观初亲选的善射精兵[137]。换言之，薛仁贵现在可以说成了唐太宗的亲卫部队。对他来说，这无疑是个意外的惊喜，他投军之时，虽然不无立功之心，但大概没有想到事实比梦想更好。10个奴婢不是很多，但对于出身不高的薛仁贵来说也不是一个小数目，太宗对领军攻破盖牟城的李道宗亦不过赐奴婢40人[138]，可以作为比较。北周武帝曾多次释放奴婢，把他们的社会地位提高到庶民。而在均田制下，以独立小农经营为主的农业，不再容纳大量奴隶，因而奴婢在农业生产上的作用或许较小。但尽管如此，奴婢仍可用于日益重要的手工业生产，充当随从，也可成为主人的玩狎品，由于他们可以如商品一样买卖，其价值自然比起牲畜等其他战利品更高[139]。总之，薛仁贵家境本来便大概不差，现在经过征辽一役，更发了一笔不小的战争财，或可说名成利就了。

第七章　初任军将

唐军在驻跸山虽然侥幸胜了一仗，但战事并未完结。即使事情真如史载，唐军在战场上杀了2万多人，另外又坑杀**靺鞨**3000，降敌近4万，原本有15万的敌军仍一半逃脱。唐军对**靺鞨**战俘的手段，当令高句丽其余的地方有不少如见于记录的黄城、银城一样，全城撤离，以致"数百里无复人烟"。敌方这种反应，除了出于恐惧外，也可能是一种坚壁清野之计。唐军虽然暂时没有后顾之忧，但安市城仍未攻下。唐太宗在大赏军士后，七月五日，把营地移往安市城东，开始另一轮的战斗。

唐太宗要攻安市，再次看到他对高句丽的真正意图。如果他的目标是要除掉渊盖苏文，则所有高句丽境内的反渊盖苏文力量，他都理应争取。他应该知道安市城主是高句丽国中反新政府的代表人物，却没有试图加以拉拢，使之成为亲唐力量。他更准备多开一条战路，一度建议领军的李勣先攻粟多兵少，位于辽河下游、辽东半岛西北部的建安，不过因为军粮运输问题，未得到大家同意。刚投降的高延寿、高惠真则提出另外的办法：二人主张唐军南下，先取在辽水与鸭绿江间以老将防守的乌骨城。由于这行动可以联合行军路程一日外的海军，所以群臣均认为可取。但长孙无忌却以辽河上游未破的新城仍有敌人10万之多，反对冒险，主张采取万全之策。太宗前半生的军事经验或许不乏冒险地方，但即使没有经历过驻跸一役，此时已再没有年轻时血气方刚的锐气，于是把攻建安的任务留给海军将领张亮。张亮表现亦不过不失，领军重重包围建安，占得上风。与此同时，太宗或许考虑到时间无多，又派人送御弓等给渊盖苏文，除了有示威的意思外，亦希望对方会不战而服[140]。至于陆军大军，则继续全力进军安市城。

但安市守将既然连本国的新政府也敢反抗，自然不是一击即破的高延寿之流。每次唐太宗的旗帜出现，安市的人便跑到城墙上喝倒彩。他们或许懂得的汉语不多，不过对唐室天子的态度大概可以有各种方式表达，使脾气本来便不是特别温顺的太宗大怒。刚获升迁的薛仁贵在太宗的一军中，相信必然把一切看在眼内。他从小便听说过太宗年16岁在太原勇战突厥的故事。到了军中，更从曾经和太宗打天下的张士贵和其他人等处，听到更多太宗的英勇事迹，崇敬之心更深。驻跸一役后，获得太宗亲自接见和赏赐，对当今这位主上的好意，因而更加提高。现今见到他被敌人如此对待，不禁怒从心起，誓要再次把敌人好好杀个痛快。

唐太宗发脾气，令反对移师他往的统军元帅李勣多了不少压力。为了暂时平息太宗的怒气，他提出破城之日将城中男子杀光。这个决定或许勉强令太宗多少挽回一点帝王权威，但他可能没有想到，对敌人来说，这也同时带来一种"赶狗入穷巷"的反效果。安市城中人闻得这个决定，更激起守城决心，反正如果早晚也得死的话，倒不如死得轰轰烈烈一点。唐军久攻不下，再次使出攻破辽东城的伎俩，首先命李道宗带领兵士筑土山于城东南角，使对方失去居高临下的优势。敌人虽然亦同时把城墙加高。不过唐军由于人数较多，经过6个星期，终于占得上风，从平地以土堆积而成的土城，比城墙本身还要高数丈。李道宗大概由于足部一度受伤，走动不便，加上督军太久，不得不在入城一战之前稍事休息，于是派果毅都尉傅伏爱屯兵山顶。但匆匆堆起的土山根基不稳，忽然倒塌，把城墙也压崩了。这本可以令唐军长驱直进，但由于傅伏爱擅离职守，城墙的缺口反而为高句丽兵所占，唐军又告功亏一篑。傅伏爱被处死，但唐军再攻3日，仍不奏效。李道宗亦受到军法弹劾，不过太宗看在他破盖牟、辽东的功劳，特赦不加追究[141]。

唐军于是再作另一轮的进攻，这次把士卒分批，每日六七班，轮流攻击，又出动攻城专用的冲车抛石，但守军很快又利用木栅修补破坏了的城墙。不过由于长期受困城中，高句丽军也认为不是办法，可能是为了请援之故，一度意图在晚上冲出唐军重围。出兵前为了补充体力，更特别杀猪杀鸡，以鼓励士气，壮壮行色。不过动物的异样叫声，据说引起唐太宗的注意，命令多加防范。当晚果然有数百高句丽兵士缒城而下，但很快被哨兵发觉，唐太宗便亲自领兵城下，杀退敌人。事情不知是否当时史官为美化君主而夸张，也不知道薛仁贵有没有参加。但他一直盼望可以让自己发挥身手的平原战，却再也没有出现，局面依然僵持。

　　时间一日一日地过去，转眼又是容易令人思家的中秋。九月又来临，唐军虽然没有粮食短缺问题，但士兵经过半年的战斗，加上"季秋草枯，辽塞寒烈"，萧瑟风景，使人心情低落，难提起劲。严寒的天气，亦不适宜军事行动[142]，九月十八日，太宗终于下令收拾攻城器具，准备回程。唐军先将辽州、盖州、岩州三州户口引渡。离开之前，太宗齐集兵马，在安市城下巡行一轮始离去。曾向太宗喝倒彩的居民自不会出来欢送，但城主为要肯定太宗一行真的离去，仍然屹立城上。太宗是有如史书所记对他衷心佩服，英雄重英雄，又或是现在才发现应该软硬兼施，特别留下100匹丝缣布为赠，这100匹布是否是从其他城池得回来的战利品，且安市城主有没有收下，也许是个永远解不开的谜。

由于天气渐冷，唐军的回程比起来时更慢。九月二十日，唐太宗回到了辽东城，据载当地尚有粮食粟米10万石。司马光对这个记载没有信心，而且还以为粮食将尽是唐收兵的原因，却没有令人信服的理由。事实上，唐太宗回国后所发的诏书，"不假嬴粮之费"正是他向国人夸示的其中一事，文辞虽有修饰夸大，但相信基本上符合事实。不过，回国的路程却是相当艰苦的。二十一日，唐军开始渡辽水，行至40公里路程的渤错水一段，由于秋雨，到处是泥潦，车马不通。情形恶劣到唐太宗不但令领兵的长孙无忌和他所领一军剪草填道，又把运输用的车辆和战车架在水深的地方以为桥梁，同时又令同行的中书令杨师道与其他文官参与工作，太宗也利用自己的爱驹协助柴薪的搬运工作。十月一日，辽泽一段仍未走完，却刮起暴风雪。士卒固然行军不便，战马和掠夺回来的牛只，都死了四分之三左右。薛仁贵回军时未知是否与太宗一道，又或和李勣、李道宗的殿军一起。不管如何，这段辛苦的路他亦不能避免[143]。

十月十一日，太宗一行终于回到营州。太宗首先下诏，集合阵亡士卒骸骨于城东，举行拜祭仪式以表哀思。十三日，又赏赐营州地方人士和应该是曾经出兵助阵的契丹等酋长[144]。十八日，太宗发出另一诏书，检讨此次征辽得失。他指出，唐军收伏了10个城，获户6万，丁口18万，斩敌4万余，另又降对方官人酋帅子弟3000多，兵士10万，不过均给予粮食，送还本土，另外又获马牛各5万匹。这些数字往往有夸张地方，不一定十分可靠准确，但亦不会太远离事实。所谓10万降兵，大概指驻跸一役的敌军数目，但他们是否全部投降，又得到唐军的军粮，不无疑问。总体来说，唐太宗固然未如一些史书所记谓战败，但成果亦不如他所说的辉煌。太宗自己无疑并不满意，因为高句丽渊盖苏文在收到唐太宗所送的御弓等之后，虽然以礼收下，却并没有派使回敬。因此，诏书一开始便指出，由于"上天之德曰生，王者之师曰义"，所以圣人亦慎罚，诸侯讨逆同样既擒而纵，这些其实是对出师未有达到起始目的的一种解释。但一向好胜善辩的唐太宗自然不甘低威，在文中又举出前人的例子去抬高自己成就，试图挽回点面子："晋帝淹驾，才克一城，隋帝频师，沦兵百万。"后者无疑指隋炀帝，但前者由于晋朝皇帝未有直接领兵到高句丽记录，或指名义上属晋的前燕慕容皝在晋咸康七年（341年）入攻高句丽，毁丸都城而还事[145]。丸都是当时高句丽的首都，能毁丸都其实可说战果不差，所以诏文中的比较是否恰当，不无疑问。不管如何，这篇大概是由有份陪同太宗远征的许敬宗所草拟的诏文，没有把曾经在朝鲜立四郡的汉武帝搬出来比较的理由，自然是不言而喻的。不过，唐太宗或许没有汉武帝同样辉煌的功绩，他却仍然未有忘怀他在领兵出征途中，行经碣石时所写的诗句："之罘思汉帝，碣石想秦皇。"这两句分别指汉武帝在太始三年（前94年）春，在飨外国客后，行幸东海，登之罘山，山称万岁，以及秦始皇在他登位第二十九年（前218年），同样东游登之罘，而且刻石纪功的事[146]。所以，十月二十一日，太宗与太子相遇于临榆关后，二十三日，他便在汉武台刻石纪功。十一月初，大军回到幽州，设宴劳军[147]。

唐太宗或许征辽未能称心如意，但薛仁贵却是心满意足的。出征时他听说过不少战争的故事，古代的、当代的、他先人的、同乡同族的，大家说起来都是惊险和壮烈万分，令他又羡慕又敬佩，但现在回想起，又似乎没有几个人所说的可与他几个月的经历相比。他或许不怕长途跋涉的旅程，他可能甚至喜欢以少敌众的场面。军中的生活，比起乡间的日子，自是少了一份安逸。但亦有其多姿多彩的一面，特别是受到当今君主接见，赐给各种礼物，更令他毕生难忘。攻破敌人城池后进去选择自己喜爱的物品以至人，也给他一种前所未有的快感，一种在国内诸多礼法下极不容易找到的兽性发泄。他可能从来没有想过军队会如此适合自己，他开始明白，为什么一些人会乐于参军，而另一些人却想出各种办法，出钱找人代替远征，或索性从户籍中消失，远离故乡，到处流浪，以做买卖或其他方法过活。他们不如自己的武艺高强，也没有自己的勇敢。他们可能有仁慈，但那不是军队需要的品质。军队提倡、鼓励以至实行的，是一种不问理由、不怕困难、也不择手段去达到目的的处世方法。他发现了自己有这些条件，他不禁好奇，妻子柳氏是否很早就看到了这点，所以叫他去投军。

薛仁贵征辽，并非像小说或评书所记的，经过了十多二十年才回到家。唐太宗回程没有经过洛阳，而是走北路，先到易州、定州，再到并州，次年二月才离开，途中花了一个多月才回到京师。其中主要原因，是由于太宗本身也不堪征战疲劳，长时期不适。一行从并州到京师多是取经晋州、绛州、蒲州路，李唐起兵时走的便是这条路，所以和太宗一起的薛仁贵无疑可以顺道回乡。小说中薛仁贵向太宗请求，要回山西察访，将苦守破窑的妻子柳氏接到京中，同享富贵荣华。由于薛仁贵的新职，故事后半部分，亦不无可能。地方戏曲中至为脍炙人口的曲目《汾河湾》便是从这段历史发展出来的。戏中记柳氏迎春在薛仁贵投军后生子丁山，长成后每日打雁养亲。薛仁贵功成后回里探妻，行至汾河湾，恰遇丁山打雁。正在惊奇这小孩箭法出色，突然出猛虎，为了救丁山，薛仁贵猝然发袖箭，不料误中丁山。之后到家中见到床下有男鞋，疑妻不贞，后来始知是儿子所穿，而儿子竟然死于自己箭下，于是夫妻悲伤不已。这故事虽然把薛仁贵刻画成一位箭术差劲的将军和对妻子没有信任的丈夫，但由于剧情引人入胜，极受观众欢迎。剧情所记一切，自然是后世的加工艺术品。薛仁贵既然与皇帝同行，地方必然早有消息，薛妻柳氏应该早有丈夫回家的心理准备。不管如何，可以想象，薛仁贵带同起码10个奴婢与各种赏赐和战胜所得的物品，回到阔别经年的龙门，当确实如元代一些杂剧所记的衣锦还乡。

薛仁贵现在可以说成了职业军人。孔子说三十而立,他这一年三十有一,虽然不是小说中所写的"白袍小将",却在高句丽打了个名堂出来,勉强还算有点成就。他的传记说太宗在回师后还特别对他表示,由于朝廷旧将都年纪老迈,不能再受"阃外之寄",即将军之任,所以征辽得到辽东城并不特别高兴,得到薛仁贵为将军却万分喜悦。这句话把薛仁贵的价值提到比辽东城更高,如果不是后代传记作者为胡乱吹捧传主而捏造出来的话,便是一向善于言辞的唐太宗为讨下属欢心,令他以后可以对政府一片忠心,甚至鞠躬尽瘁而作的违心之言。但话中有一句事实却不能否认,那就是他的大将大多上了年纪,要老保持年轻时的活力再不容易。唐太宗本来就能征惯战,他对薛仁贵的本领必然有相当的了解,对于这位仍有意把帝国进一步扩大的唐代第二位君主来说,薛仁贵无疑是个人才,所以薛仁贵受到唐太宗相当赏识的事实,并不因这句话而可以否定。

奇怪的自然是,薛仁贵不久虽然又升为正五品上的右领军郎将,史传未明记时间,从记录次序看来,应该在太宗年间,不过贞观年间,未有见到他有再次出征的记录。其中一个可能原因,自是史籍欠载。太宗在贞观十九年一役回师时的诏书曾命加赏从海军征辽者,次年二月又来一次。但这次是对没有战功的全部人员加勋官一级[148],看来是募人征辽的先兆。这一年春天,高句丽曾遣使贡方物和谢罪,又试图献二美女以打动君心,争取和平。

不过太宗早就没有了贞观初期那种偃武思想,虽然朝臣反对,加上薛延陀仍构成威胁,他还是派了两支小规模军队远征高句丽:海军由左武卫大将军牛进达、右武卫大将军李海崖分任正副将,发兵1万多,自莱州乘楼船出发;陆军由李勣任总指挥,右武卫将军孙贰郎、左屯卫大将军郑仁泰为副,以营州都督府军队为主。前者选"惯习沧波"、后者挑"能以少击众者"入队。值得注意的是5名将军中除李勣外似乎均没有前年远征记录。李勣的领军,是因为他曾是主张远征高句丽最力者,觉得有责任完成任务有关。由此看来,征辽在军中可能成为一件不受欢迎的任务。不过这次出征军的目标,只在制造混乱,为将来再征事铺路。这次结果似乎相当成功;高句丽一再受到唐军困扰,或许在渊盖苏文的允准下,高句丽王终于遣子高任武来朝请罪[149]。

虽然如此,愈来愈喜功的唐太宗已经不易再满足。他刚在西北的灵州被一大班的游牧民族捧为天可汗,心中不无飘飘然之感之余,眼中亦不认为高句丽应该是藩臣。在贞观二十年(646年)开始编修的《晋书》中,卷九十七虽然有东夷部分,但里面只有夫余国、马韩、辰韩等而没有高句丽。个中原因,并不是高句丽当时不存在,而相信是由于朝臣都清楚明白到,太宗早已认定高句丽是中国领土不可分割的一部分。不管如何,贞观二十一年(647年)远征的成功,令唐太宗再次兴起另一次大规模的远征。当年九月,他又命江南造入海大船,目的自然是在明年征讨。但由于年底有龟兹之征，没法以陆军配合。所以次年，只有海军单独向高句丽进发，不过军队扩大至3万多人，由薛万彻领军，虽然没有破获什么城池，但似乎亦略有胜利。

没有记载显示薛仁贵曾参与这些战役。如果他在贞观末年曾立功的话，考虑到他的新军职右领军郎将，又假设他从征回来后不久已经任此职，则他在贞观末年曾从军出征的最大可能，或许是在二十二年八月，左领军大将军执失思力往金山道讨薛延陀的剩余部落一役。太宗征辽时，替代突厥而起的薛延陀早已在旁虎视。高句丽兵败驻跸山，渊盖苏文更曾遣使试图以厚利去打动新继位的真珠可汗夹攻唐军。虽然薛延陀未有答应，太宗在收兵同年的年底亦动员了22州的兵士，紧守北方，次年六月，更在铁勒等出兵薛延陀得手后乘机进攻[150]。所以，如果薛仁贵曾与蕃将执失思力同出击的话，薛延陀这时可说已近乎强弩之末，无足挂齿了。亦即是说，薛仁贵英雄无用武之地了。

以薛仁贵如此一个人才受到这样的待遇，或许不能不说是可惜的。对于以善于用人知名的太宗来说，这更可算是一次失着，但事实可能更糟未定。因为薛仁贵的传记明记太宗令他在升为右领军郎将职时，依旧北门长上，即是说负起防守宫城北门之责。这无疑是个很重要的职务。论者很早便指出，北门军人在每次政变时都成为左右政局的一支力量[151]，而屯营兵亦不是完全没有外征的机会，前记贞观二十一年远征兵中，便有屯卫大将军的郑仁泰在内。但由于高宗初年，薛仁贵仍在北门宿卫，而且目前所见到的薛仁贵传记，作者处处无不尽力为传主表扬功绩，唯独这一段未有记下他的任何战绩。故此不能不令人怀疑，薛仁贵在征辽后，大多时间都是在京都中的宫城任保安工作。对薛仁贵来说，这不能不说是一个颇大的失望，特别当他听到其他人，包括他的同乡薛万彻和薛万备在内，均频频有机会到外地征讨。

薛仁贵过去或曾到过当时天下第一城的长安未定，但在宫廷里面，他很快就看到过去未见到的一种长安生活，特别是高层统治阶级的另一面。贞观二十年三月，征辽军回到京城还不到3个星期，便发生了张亮有造反嫌疑被斩于市的事件。薛仁贵并不认识张亮，他只知张亮是征辽时海军的统帅，虽然并不特别出色，而且据说还欠缺胆量，但他以前曾任洛州都督，又升为刑部尚书，按理亦应是太宗信任的人。但这次有人告他谋反的证据不过是根据一些术士之言，而根据马周等太宗所派的法官，亦似乎查不出什么罪状，张亮本身亦表示不认罪，按理他应得到释放。但太宗却搬出张亮有假子500人的事出来，而命百官讨论，大家看到太宗的神情，都依顺他的意思说有罪。在工部任职将作少匠的李道裕虽然表示反对，反而激怒了太宗，亲自拍板定罪，把张亮在市中斩首示众[152]。

薛仁贵不是第一次见太宗判死刑，攻高句丽辽东城一役之后，张君乂曾因私自退兵，遭军法处斩；回程中途，另一位行军总张文干亦因犯军法而判刑[153]。但两次薛仁贵都觉得他们是罪有应得。可是，薛仁贵觉得张亮的遭遇却值得同情。唐太宗或许执法严明，可是张亮有养子的事，他早就应该知道，而养子在当时，也不是特别出奇的事。但何以他过去不多加追究？薛仁贵不禁怀疑，自己听说过太宗轻刑措的事，实行了多少时间。他虽然没有资格参与讨论是否应该加刑的朝会，但他大概也可以理解，为什么那么多人都不敢说真话，有人告诉他，同类事件已不是第一次。征辽以前，太宗曾同样以造反理由，将贞观期中能征惯战的大将，以兵部尚书参政的侯君集判刑，同样是处斩于市中心，当时大家亦是争先恐后去指责侯君集[154]。以太宗的脾气，纵然张亮不同于侯君集，也没有谁可以保证，反对者不会自己变作另一个侯君集。有人说，唐太宗甚至连李勣也不信任。他虽然也任兵部尚书，却同样没有机会参与朝政，而且任兵部尚书不过一年，便调为太子詹事，目的是以他和太子搞好关系，以求将来效忠。这三人都是所谓山东豪杰，唐太宗既要笼络他们，同时又疑忌他们，无法推心置腹[155]。薛仁贵不知道实情如何，但他开始觉得，和他一道征辽的尉迟敬德，军还后又再专情于道家仙方，不问世事[156]，不纯是单对炼丹有兴趣。他无法想象，自己若一日和张亮碰到同样问题，会如何解决。他只发现，朝廷里有时也像战场一样，自己可能要孤军作战，始可找出一条生路，保存性命。

薛仁贵虽然没有外征的机会，但太宗朝末的长安，仍然令他大开眼界。他早便听过不少长安的事情,但如此长期亲身体会还是第一次。由于贞观中叶唐攻占了高昌,派军驻守,打通了与西域的通道,加上薛延陀不久又被唐和其他突厥部族打败,贞观末年的唐朝,特别是长安与外地的联系较前大增。贞观二十年秋,唐太宗出巡到了西北边境的灵州,作为当今君主的亲身侍卫,薛仁贵也跟着前往。当时刚值薛延陀战败,属突厥族的铁勒等十一姓都遣使,带同大批礼物来朝见,展开官方贸易。太宗在当地留了3个月,而这些部族的代表来了数千甚至上万人。次年,19个远夷国,包括波斯在内,都派了使节。其中八月骨利于所上贡的名马,薛仁贵可能最有兴趣。二十二年,唐朝的蕃将阿史那社尔更在占领了龟兹国后,把龟兹王,可能还有几万人带到长安,他的副将薛万彻也威胁于阗王来访中国。二十三年(649年),鉴于唐朝在西域的威势,西突厥的叶护可汗也入朝[157]。可以肯定,每次这些外地的王族或其他人到了中国,都不是两手空空,而必定带来不少礼物和商品,使长安的士女争相选购。

可以想象,薛仁贵一方面以自己能够作为这样一个繁荣的国际大都会的一员而高兴,但与此同时,他实在恨不得自己也可以到西域去,搜罗更多的毛皮、玻璃器具放在家中。如果他的妻子柳氏也到了京师的话,可能也有同样想法。他不时遇到一些做买卖的人,社会地位虽然不高,但凭着他们的会钻门路,与外族做生意后,竟然仿效上流社会的行为,自己骑起马来,好像他们也出身大族一样[158]。薛仁贵或许不介意他们骑马,但他却希望自己能有更多的出自西域的舶来品,而他最可能达到这个目标的,自是随军远征。不过世上往往事与愿违,唐太宗的健康每况愈下,皇太子一次又一次代父听政。除了贞观二十二年二月在华原的一次蒐猎外,薛仁贵可说几乎没有机会施展他的身手。他多少觉得,太宗在有生之年,他的命运改变的机会不大。只有当今太子上台后,或能有一点转机。

第八章　勇谋兼备

贞观二十三年五月二十六日，征高句丽回国以后一直健康不佳的唐太宗终于一病不起，在长安以南的翠微宫去世，享年53岁。同年六月一日，他的第9位儿子，22岁的李治登基，世称高宗。

李治登基，是近大半个世纪内中国第一次以较传统方式的皇位换班，但这并非说明高宗的得位并未有过政治斗争。他的登基，可说是唐太宗未能在他失宠大哥李承乾与他得宠四哥李泰间，做出抉择的妥协结果，所以李治一向被视为较懦弱的君主。贞观十五年以后的官方历史记录，即所谓实录，是由长孙无忌所监修，而他为了保住和享受权力，可能将其中有关他自己与及李治的部分，在不少地方有夸张甚至捏造的情形。例如太宗在考虑继承人问题时，李泰曾提出将自己的儿子杀掉，以传位李治的记载[159]，便不易令人信服。另外在太宗远征高句丽时，太子曾"悲啼数日"，后来父皇身体不适，即不离左右，以至"旬日之间，鬓有变白者"[160]。我们不能肯定这些今日看来近乎肉麻的地方一定欠真实，却不能不怀疑这位仁爱的皇太子在这段时期何以有机会和心情，去和父亲后宫中的武才人，亦即后来的武则天，大搞男女关系。事实上，贞观十七年十二月，太宗曾一度想替太子"选良家女以实东宫"，但李治却派臣下推辞，可见他一早便无意让父亲完全支配他的感情和家庭生活。《资治通鉴》把这个记录排在太宗怀疑太子仁弱的记载前，实在是不协调和令人感到意外的手笔[161]。

在宫城负责守卫的薛仁贵是否因地利而对这些事实曾有所闻，难以知晓，但皇太子在贞观二十二年为去世了的长孙皇后修建大慈恩寺所举行的盛典，却令他难忘。史载，当时李治准备了宝车50辆，乘载国内和首都的高僧，另外又有采亭宝刹数百具，除了宫中太常寺的九部乐外，又动员了长安、万年两县的乐队，一行人等在京城各寺院华幡的导引下入寺，盛大的场面颇有隋炀帝当年之风[162]。长安的居民，包括薛仁贵在内，认为很可能这位未来的皇帝，不单是位孝顺的君主，可能更是位十分有魄力的领导人。

但贞观时期出生的李治，与有过长期戎马生涯的父亲，在性格上并不完全雷同。最明显的一点，是李治似乎没有他祖父和父亲对狩猎的那种狂热。就目前记录所见,李渊在位9年中曾出猎20次,而李世民在位23年亦有同样数目,但李治在登基后第8年始有第一次狩猎。而他在位30余年,只有6次出猎记录,远比上两代少[163]。这个性格与兴趣上的差别,自然是各人的成长过程和经历不同所致,也可能是前述太宗以为李治仁弱的原因。李治没有在马上得天下的经验,不但使他对狩猎甚至武术没有浓厚兴趣,也可能使他欠缺朝臣中特别是军人出身者的支持。因此,太宗去世后次日太子回京时,除了要遣旧将统飞骑、劲兵陪同,又发武装部队4000人在京师道路两旁负责治安[164],并不是偶然的。

负责保卫皇城安全的薛仁贵,或许是飞骑中的一分子。贞观二十二年,太宗曾派薛万彻领海军击高句丽,虽然未有很具体的成绩,仍然使对方弃城而逃,成功地施行了困扰对方的战略。唐太宗似乎只把这次当作一种试探性质,因为他在军队未回程时,已在组织另一次大规模的征辽,准备出兵30多万人。薛仁贵的同僚,右领左右卫府长史强伟,更被派去未受征辽影响的剑南道,负责造军舰的工作。薛仁贵得知这个消息后,可能兴致勃勃,希望能有机会再征高句丽,发挥本领。不过造船的劳役一度因为实在太重,导致少数民族不得不起来反抗,迫得太宗在出兵镇压之余,亦同时减低对人民索求,由官府担负部分费用[165]。另一次征辽看来势必成行,但太宗的去世,却使整个计划流产。因为在太宗去世当日即公布的遗诏中,唯一影响比较深远的,就是"辽东行事并停"¹⁶⁶。遗诏是否真正是太宗的意思,又或新政权的主脑利用这个机会去争取民心的一项措施,不无可以怀疑地方。但薛仁贵如果有意想借征辽再显身手的话,他或许多少感到可惜和失望。

唐高宗李治或许不喜欢狩猎,甚至可能武术不精,而且更完全没有战场经验,不过事实表明,他在对外关系上的表现,并没有任何柔弱的迹象。贞观二十三年十一月,即他登基后5个月,高宗便派右骁卫郎将高侃,率领回纥等部兵攻击突厥的车鼻可汗。这次出兵前车鼻并没有入侵记录,所以动机难以国防保安来解释,明显是高宗希望继承太宗遗志,肃清通西域之路的反唐势力¹⁶⁷。西突厥贺鲁的例子可说更清楚。高宗虽然在贞观二十三年加封他为左骁卫大将军,但他仍然反叛唐朝,而且在永徽二年(651年)进犯庭州,使唐朝在西域势力受到极大威胁,但唐高宗立刻便派兵反击。同年十一月,高宗又派军队对付白水蛮的入侵,战斗持续至次年四月始结束¹⁶⁸。高宗在父亲死后并没有像对母亲一样,同样立佛寺来表示纪念,未知是否在感情上较接近母亲。但他在对外关系上的表现,显然未有忘记太宗为他特别而写的《帝范·阅武篇》中所留下的教训:"土地虽广,好战则民彫;邦境虽安,忘战则民殆。"¹⁶⁹

对薛仁贵而言,可惜的自然是这几场战事都与他沾不上边。高宗既然连狩猎也不大感兴趣的话,唯一可以给予薛仁贵表现他的本领的可能就是朝廷中的大射礼。这个定于每年三月三日和九月九日举行的礼仪,原本多少带有选择贤臣的意思,文武官员都可以参加,而且兼备赏罚。不过,在唐初似乎逐渐流于空洞,而在高宗朝麟德元年(664年)之后,便有近乎半世纪没有举行的记录[170],可想而知,以前即使曾经举行,亦意义不大。两《唐书》的本纪中曾记,高宗永徽三年(652年)春和次年春均曾举行射礼,四年一次参加的更有王亲与及蕃客,而用来做箭垛的,则是年初因被疑造反的房遗爱和薛仁贵的同乡薛万彻等人的财物[171]。不难想象,射礼在当时不单是一种国际社交活动,更是一种变相的政治宣传把戏。射礼参加者在奏乐中举弓,对薛仁贵一般身手的人来说并不是难事,尽管他未因看到战绩彪炳的同乡遗物而失去水准,但在这种场合中希望自己可以获得赏识,也近乎徒然。另外,《册府元龟》卷一一〇又记,永徽四年(653年)九月亦曾举行大射。第一日由三品以上官射,第二日则赐五品官以上射,薛仁贵的官职在五品以上,有资格参加次日的礼仪自无疑问,但从记载来看,五品官参加典礼的机会要由皇帝亲赐,似乎只是一次特殊例子。因此,过去薛仁贵能否有机会参加射礼,也不易肯定。

不过,当官的能够接近皇帝,总比较容易有机会升迁。薛仁贵的机会不久便来临。永徽五年(654年)三月,高宗到位于原名九成宫的万年宫去避暑。这个宫殿最初在隋文帝时期由杨素监督建造,传说由于苦役过甚,不少工人死亡,至晚上,往往在宫殿附近不但鬼火弥漫，而且传出哭声，直至隋文帝以酒奠祭后才告消失。后来唐太宗在贞观五年又告重修[172]。正可能是因为修筑宫殿关系，附近采伐过度，环境遭受破坏，水土大量流失。这年闰五月三日，天降大雨。甲夜，亦即现在晚上 8 时左右，洪水突然涌到皇宫的北门，即玄武门。黑暗中，不少正在值班的卫士被水冲倒，一些更随流而去，其余的亦纷纷各自逃生。薛仁贵刚巧这晚值班，他知道皇帝仍在寝殿内，但门已关上，水又快淹至。人急智生，他立刻攀上北门的门桄，亦即关门用的横木，遥向宫内呼警。说时迟那时快，洪水眨眼间已经涌入宫殿，不过高宗已找到一个较高地方避过洪水，得免于难。

薛仁贵当夜是否一直站在门桄上以至天亮，史未明记。但据《旧唐书·本纪》，这次因天水成灾而死亡的居民及当番卫士，合共有 3000 余人。虽然当中比例如何不明，但以一个县来说，不能说是个小数目。卫士在出现危险时未能保卫君主，反而各自逃生，或可说人之常情，反映了唐代的忠君思想或许未有后代一般浓烈。事实上，太宗时便有过卫士不满行役而差点出现暗杀事件的例子[173]。薛仁贵身为郎将，卫士的表现不似训练有素，他当有部分责任。不过他能冒上了生命危险，使高宗得以拾回性命，多少弥补了过失。唐高宗未有直接见他，而似乎只是通过使人褒赏他，称他为忠臣，又奖御马一匹为赏。唐朝皇帝以御马赠武将事，史未多见。事情若见于对马有极大的兴趣的唐太宗身上，则无疑是君主衷心感谢的表现，不过对于好文多于喜武的高宗来说，御马无非是一种常可到手的外邦贡品。不管如何，日后薛仁贵在战场上驰骋败敌，速度过人，骑的可能就是这匹御马。薛仁贵在事后未有加官，或许有多少失望未定。但他不久即宦途顺利，而多年后唐高宗似乎仍然记得此事，并以为重新起用薛仁贵理由，记录纵有文饰，亦不能完全抹杀事件在薛仁贵一生中的影响。

薛仁贵虽然未有因助皇帝脱离险境而升职，不久终于得到再度出征的机会。当时西突厥贺鲁叛唐，占有唐原先建立的安西都护府旧地。高宗很快便出兵平乱，但并未能一次便收复失地，而要分多年征讨。据薛仁贵的传记，他在一次由苏定方带兵的征讨中曾经上疏，指出由于贺鲁曾因泥熟自恃能干，未有完全服从命令，出兵将他的妻子等掳走。所以，薛仁贵认为唐军在击破贺鲁后所得到泥熟的家人，不应该充作奴婢，而应利用这个机会争取民心。他的建议是将他们送还，加以食赠，"使百姓使贺鲁是贼"，这个做法，合乎出师有名的原则。从薛仁贵对当时局势了解来看，他应该曾参与战事；而从他主张争取民心的内容亦可知，当时贺鲁仍未擒获，故上疏可能写于军中，时间当在显庆二年（657年）底或次年初。

据《旧唐书》卷八十三的本传，苏定方曾经两次领兵出战贺鲁，首次以副将和前军总管的身份，在永徽年随程知节出征。但据《新唐书·本纪》，苏定方永徽六年（655年）初曾出兵高句丽，所以，他加入程知节军当在次年，即显庆元年（656年）。当时唐军起始颇有胜利，但大军的副总管王文度不想程知节领功，收军不许深入，至恒笃城，敌人表示要降，王文度又主张屠杀全城以取敌人财物。虽然如此，出征仍得不到胜利[174]。军队还都后王文度初判死刑而获免死，程知节也军法减死免官。次年再征贺鲁的统帅权，亦因此落在前年分财时一无所取的苏定方身上。这次军分两路。苏定方一路领军的还有燕然都护任雅相、副都护萧嗣业和瀚海都督回纥婆闰。另一路则以西突厥藩将职权史那弥射和阿史那领军。燕然都护府是贞观末所建，多领东突厥部落[175]，故苏定方军有相当兵士是外族。苏定方先出兵金山之北，破处木昆部，不久便遇到贺鲁和他所率领，据称有10万之众的十姓兵马。十姓指西厥的10个部落，其中属弩失毕的五部中包括阿悉结泥孰，相信即是薛仁贵疏中的泥熟。当时唐军似乎人数不多，只有万多人，但在苏定方的指挥下，以步兵先排好阵势，稳定阵脚，苏定方再亲领汉骑冲乱敌阵，追奔15公里。如果薛仁贵曾经参加这场战役，他应该在汉骑当中。唐军势如破竹，次日更得到敌方相继来降。苏定方不理会冬天的气候，派军追赶，在金牙山再胜一仗，最后由萧嗣业擒获贺鲁[176]。

　　唐军成功地对付贺鲁方的一个主因，无疑是苏定方的领军有方，但薛仁贵的疏，也同时揭露了西突厥中内部不和的情况，有助于解释他们何以在败了一仗后即有部分人投降的原因。疏中提及的百姓，无疑不指中原地区而指西域地区的百姓。薛仁贵指他们未能清楚贺鲁是贼，其实即是说有些唐军给当地人的印象并不佳，这点相信与唐军过去所作所为，特别是王文度屠城的事有关。因此，薛仁贵的主张，可说是要替唐军建立一个不犯民的形象，也就是反对军队中抢掠劫杀的行为。他以"兵出无名，事故不成"来作为他主张的出发点，一方面可以见到他多少受到儒家名分论的影响，但亦可视为他行事理性的一面。难得的是，薛仁贵在征辽东时曾得过敌方俘虏为奴，深知军中这种习惯的根深蒂固以及受欢迎程度。但他仍然主张放还，不能不说是一个为了大局着想，故意牺牲多少本身利益，同时更冒同僚的不快的一个构思。薛仁贵懂得以争取民心去削弱敌方实力，可见他并非只是一位有勇而无谋的军将。这样一个用意良好的建议，获得高宗和朝廷接纳实是理所当然的。薛仁贵的传记载"泥熟等请随军效其死节"，未知是单指泥熟一部或尚有其他部落。乾陵原有60多尊石人像，现存只有36尊，其中有泥熟领袖，不过弩失毕其余四部中，似乎只有阿悉吉阙部有代表，未知是否仍有散失[177]。总之，薛仁贵在招揽这族人效忠于唐的事上，无疑立了一功。随着经验和见识的积累，薛仁贵不但可以斩关破敌，更可以立策树筹，实在是一个前途未可限量的军将。

第九章　再次东征

根据两《唐书·本纪》，唐高宗歼灭贺鲁之战，自永徽三年开始，一直至显庆二年十二月始有决定性的胜负；次年二月，终于由副将萧嗣业在石国擒得贺鲁。薛仁贵在这一仗中的角色虽然并不十分清楚，但大概由于立了功，又得君主赏识，很快又得到新任务，被委任协助营州都督兼东夷都护程名振出兵高句丽，官职也似乎上升一级，成为中郎将[178]。《旧唐书·职官志》记中郎将官阶为正四品下，但从前记高侃和苏定方的例子可见，高宗朝有以中郎将为主帅出兵的情形。这和前朝领军者多是将军级不同，主要原因大概是前朝军将多曾参与建国时南征北讨的军事行动，立功机会亦较多，君主也乐于封与高官来争取人心。但这批人到了高宗朝开始老化,因此领军行动也不得不交由官阶较低、新的一代军将执行。这些将领往往出身不太清楚,反映了他们可能没有一个很强的军事贵族背景,他们也不一定曾参加过开国战争。从这个角度出发,薛仁贵虽然冒起于太宗朝,但从出身和经验上来说,却应该说属于唐朝的第二代将领。

唐和高句丽的紧张关系,因高宗即位时取消所有征辽行动,以及高句丽方面的派使,曾经一时趋于和平,但很快又出现问题。永徽五年,高句丽与靺鞨合兵侵契丹,遭遇在贞观末被唐封为松漠都督的李窟哥起兵反抗,契丹得风势之助,施行火攻,战胜了一役,还以露布向唐报捷,显示出双方的同盟关系[179]。另一方面,曾经在贞观末到中国的金春秋在永徽三年继位为新罗王,得到高宗加授开府仪同三司。新罗和百济发生纠纷时,金春秋曾先向北面的高句丽请援,因没有结果始改投向唐。故朝鲜半岛上的高句丽和百济可能对他特加防范,并且先下手为强,起兵夹攻,占得新罗36城,迫得新罗向唐求救。唐曾一度以动员契丹兵为要挟,借以阻吓高句丽加入百济与新罗发生的纠纷。这次,唐决定以行动表示过去所讲并非徒得空言。永徽六年二月,唐命令营州都督程名振和当时仍为左卫中郎将的苏定方出兵。从程名振的官职来看,他带的兵当是营州汉蕃兵团,史载二人有兵万人。高句丽见兵数不多,放弃守城战术,但被唐军在新城附近的贵端水打败。不过唐军只是焚烧了一些敌方的城墙和村落便收兵,可见目的不过在骚扰高句丽,对百济不太可能起什么作用[180]。

薛仁贵在显庆三年(658年)的出征,目的也差不多。奇怪的是《薛仁贵传》所记,与永徽六年一役差不多完全相同。一个可能是薛仁贵永徽六年有参战而史籍失载,但显庆三年一役相信他也有份。据取材自《高宗实录》的《资治通鉴》所载,当年六月,高句丽兵3万,由大将豆方娄领军,在一个名赤烽镇的地方与唐军相遇,唐军在契丹兵协助下,令对方损失了2500名兵士。战事何时结束不清楚,但数次争夺的战略目标新城似乎仍在敌手,因此唐军并没有达到目的。《新唐书·高丽传》以"未能克"来形容此场战果,可能不是毫无根据。不过,传记一般均以突出传主个人功绩为主,对于无助传主的记录,通常不多提及,《薛仁贵传》未载显庆三年战事结果,也是不足为奇的。

个人传记的这种记事手法,在显庆四年(659年)薛仁贵仍然参加的征高句丽一役,再度重现。《旧唐书》本传载他在横山破敌,又提及石城的地名。《新唐书》本传则将横山与石城分为两个地方,但石城可能就是横山地方的石造防御工事,故所记或有画蛇添足之嫌,后代《辽史·地理志》因之把横山与熊山等同,把今日辽宁凤城的开州等同石城,也是可以商榷的。横山相信即元代的华表山,在辽阳县城东30公里,在唐白崖城稍西处[181]。如果真是,则唐太宗出征时唐军一度占据而且改名严州的白崖城,非常可能已经落回高句丽手中。《薛仁贵传》所记传主的英勇事迹,先见于他在与高句丽大将温沙门交锋的一役中：他单人匹马冲入敌阵，对方应弦而倒，可见薛仁贵不单马快，而且箭也快。另一件事迹则是薛仁贵看到敌方有一射箭高手令唐军死伤十多人，于是薛仁贵又一次单骑冲入敌阵，把对方生擒。这些记载可能多少有些夸张，但它们无疑乃基于唐代人对马军在战场上所起作用的认识而写成，也同时反映了高句丽以箭阵为防守的事实。然而记录即使未有渲染，我们亦只能看到薛仁贵个人身先士卒的英雄事迹，而未能看到他领军策划的本领。

薛仁贵或许一而再地在对高句丽的战斗中表现英勇，可惜的是，战争不是单凭个人的本领便能取胜。唐室在显庆三年高句丽的一役未有取得特别成果，或许由于本来目的便只有形式上向高句丽施加压力。但从次年出兵的规模来看，唐高宗似乎有意继承先人遗志，要把高句丽重重击倒。据《薛仁贵传》，这一役领军的有梁建方和契苾何力。《旧唐书·本纪》则记契苾何力在三月往辽东经略，相信是同一事件。梁建方两《唐书》无传，但他早在唐初时已有和尉迟敬德一起作战的记录，属于唐第一代的将领。他在贞观末期已是右武候将军，到了高宗朝更升为左武候大将军，战绩包括讨西突厥，后来显庆五年（660年）高宗讲武时，他便负责左军，领武候六卫，可见是当时的一名主将[182]。契苾何力曾参加唐太宗讨高句丽之役，他在永徽初曾和梁建方合作，带燕然都护府的兵2万，合同回纥的5万骑兵，作为讨伐贺鲁的第一批唐军[183]，所以二人并非首次合作，而是一对颇有默契的搭档。《旧唐书·本纪》虽然只记契苾何力名字，实则当是如《薛仁贵传》所记，二人同时出发，而梁建方任领军地位。唐初蕃将虽然不少，本身的部族兵相信亦有一定数目，但似乎在很少的情况有机会单独领兵或指挥汉将。总之，出动了两位大将军级的唐军，兵数必然颇多，目的亦必然不小。史籍欠载原因，无疑是此役即使未有失利，亦没有大进展。两《唐书》的《百济传》，均把显庆五年唐出兵百济的记载，附于永徽六年新罗向唐投诉受百济、高句丽和靺鞨联兵事后，似乎二者有因果关系。其实唐对此事反应，已见前述永徽六年程名振和苏定方的出兵高句丽。唐后来出兵百济的真正原因，其实在于薛仁贵有份参加征高句丽、唐军失利而史未详载的显庆四年一役，为了改变战略，唐在次年准备先灭百济，然后从南北两方夹攻高句丽。

奇怪的是薛仁贵并未有参加灭百济和其后攻高句丽的军事行动，本传只载他与辛文陵破契丹。除了薛仁贵本传外，辛文陵事迹只见《旧唐书》卷七十七和《新唐书》卷九十八的《韦待价传》。由于岳父李道宗牵涉入永徽四年房遗爱谋反事件，韦待价亦左迁到在营州的卢龙府为果毅。当时身为将军的辛文陵率兵招慰高句丽，到了吐护真水，遭敌军袭击败退，幸而得到受诏和韦待价经略东蕃的薛仁贵军救援，始能苦战获存。但韦待价却因而受箭伤，以致后来不能领功。这里令人奇怪的是，吐护真水并不是从营州到高句丽的所经之地，而是往契丹大本营的中途站。差不多近百年后，安禄山引兵从平卢出发，北击契丹，便经过此处[184]。所以辛文陵招慰的对象，是在该地区活动的契丹或奚。高句丽的箭阵虽然闻名，韦待价又受到箭伤，但韦待价的敌人不一定是高句丽，契丹的箭术亦不遑多让。借用《新唐书》卷二一九《契丹传》的话，契丹由于"射猪居处无常"，弓矢技术必然娴熟。换言之，薛仁贵与韦待价经略而令韦待价受箭伤的"东蕃"，不一定就是高句丽，也可能是契丹或奚。再考虑到前述显庆三年唐讨高句丽时有契丹军助阵，唐和契丹由敌变友，发生冲突当在此后。

唐因为什么要倒戈相向，出兵旧日的盟友契丹？按《新唐书·契丹传》所记，原来自亲唐的契丹首领松漠都督李窟哥去世后，他的后继者与奚一起反唐，正可能由于契丹过去与唐关系不错，上述《韦待价传》便以招慰来形容辛文陵出兵的动机。由此看来，辛文陵、薛仁贵及韦待价三人很可能是一道兵。《薛仁贵传》对这次战役的记载十分简单，基本上只有两件事。首先是他和辛文陵在黑山击败契丹，黑山地点不详。其次则是薛仁贵擒得契丹松漠都督阿卜固，并且把他送回京都。从官职看来，阿卜固无疑是李窟哥的继承人。如果事实真如所记，薛仁贵无疑在安靖唐的东北边境上，立了大功。

不过其余的记录与《薛仁贵传》所记颇有分歧。除了《新唐书·契丹传》外，同书同卷《奚传》和《册府元龟》卷九八六、《资治通鉴》卷二百均载,显庆五年唐以定襄都督阿史德枢宾、左武候将军延陀梯真、居延州都督李含珠为冷陉道行军总管,各书所载人名道名略有不同,以讨叛奚。明年,又诏尚书右丞崔余庆持节总护三都督进讨;崔余庆在后来又任兵部尚书,故这支军队可说人强马壮。奚大概畏于唐军声势,不久即降,唐于是又命阿史德枢宾为沙砖道行军总管,以伐契丹。再参《新唐书·本纪》,任沙砖道行军总管事在显庆五年五月,而同年十二月又有阿史德枢宾战胜奚、契丹记录。而各史书有关记录最重要的共通一点,就是契丹松漠都督阿卜固是由阿史德枢宾所执,而各记录均没有薛仁贵或辛文陵名字。除此以外,叛奚首领匹帝、秃帝又被斩。

  综合各方记录,实际的情况可能如下:唐朝廷知道奚与契丹相继叛变之后,分别派出汉蕃各一支军队,汉军由辛文陵指挥,蕃军则由阿史德枢宾统领。这种现象在高宗朝初年十分平常,前述梁建方和阿史那社尔、苏定方与阿史那步真等讨贺鲁便是典型例子。蕃汉两军由于分道出击,更可能有不同任务:汉军对付契丹,而蕃军则以奚为目标。薛仁贵由于有和契丹军合作过的经验,因此被选入汉军,希望他对契丹的认识有利于制敌。可惜这个想法未有出现预期效果,叛军中先降的却是奚,蕃汉两军于是联手对付契丹。由于辛文陵的传记不存,就目前的资料来看,蕃军擒获阿卜固的可能性当比汉军强。但即使事情由蕃汉联军成功,汉军方面亦应由辛文陵领功,因为他是将军,职级比薛仁贵的中郎将为高。由此看来，把这次功劳全归于薛仁贵的传记作者，无疑有替薛仁贵掠美之嫌。

《新唐书》卷七十三下《宰相表》载薛仁贵官名作松漠道大总管，该表一般体例似乎多载有关人的最高官职，但此处无疑是个例外。薛仁贵任此职时间未记，但自此之后他没再任与契丹有关的职位，所以此处所记，或许就是指显庆五年左右事不定，不过官名是否有"大"字，不无可疑。不管如何，即使擒得阿卜固纯是蕃军功劳，薛仁贵无疑也因而沾上了边。他得封河东县男，应是这时候的事，而非如《全唐文》卷一五九有关他生平简介所记在显庆中。《新唐书》的传记又记他授左武威卫将军，可知再升一级[185]。不必怀疑，薛仁贵虽然在两次的东征中都似乎没有什么出色的表现，但亦没有什么大过失，朝廷即使不必应付日益繁重的对外军事需要，也得以军阶和其他方法维持和激励军心。唐高宗在战胜贺鲁后，雄心又或野心似乎有勃勃之势，一方面西境国防线大为延长，再加上有意向东扩展，战事频频，有战场经验的军人愈来愈被重用。看来薛仁贵独领一军的日子，亦应该不远了。

第十章　天山之役

显庆五年，当薛仁贵正在唐东北境设法讨平叛奚和契丹的时候，唐的其余边境可说战火连天。这年三月，高宗命刚擒得贺鲁余部都曼回国的苏定方领兵越海讨伐百济。苏定方不愧是名将，他再次不负高宗所托，在八月便破都擒王，百济国于是宣告灭亡。同月，领兵与悉结、拔也固、仆骨、同罗交战的左武卫大将军郑仁泰，亦告捷报。在年底十二月，高宗先派契苾何力、苏定方和刘伯英等伐高句丽，明年一月，又加上鸿胪卿萧嗣业一路大军。高宗一度有意效父亲征，可以见到他此时的壮志，不过最终为皇后和大臣所谏止。四五月间，大军出发。八月，苏定方所率领的唐军与敌人在浿江交锋，唐军获胜，迫近首都平壤，不过此后却似未有大进展。苏定方所率军未知是否曾绕道进发，因为同年九月，契苾何力的军队仍在辽河，与渊盖苏文的儿子渊男生（亦即在中国史籍因讳唐高祖名李渊的泉男生）军队相遇，而这支蕃军得到天冷河水结冰之助才得以渡河。虽然唐军立即把敌人杀得落花流水，死伤3万余人，但高宗却令他退兵。另一方面，可能自恃着刚建立的百济基地的支援，曾经冒着大雪击贺鲁的苏定方并没有同时收军。战事持续至次年初后，唐军逐渐出现不支现象，首先是一位主将，曾任兵部尚书的任雅相于二月在军中去世。同月中，来自南方的庞孝泰在一个叫蛇水的地方碰到渊盖苏文军队，展开战斗，最后全军覆没。苏定方终于退兵[186]。

有关这场战事，《旧唐书·高丽传》只简单地记载任雅相、苏定方和契苾何力等前后出兵，无大功而还。只记传主前后灭三国，对有严重隐恶扬善倾向的苏定方传记，亦只字不提。但实际上，高宗曾于河南、河北、淮南等67州募了4.46万多人到带方道行营，亦即加入苏定方所领一军，可见这场战事动员数目众多。在长期战斗之后，唐军曾有大量牺牲，国家元气亦因此大损。加上唐军出师无名，成为高宗朝对外关系的一个大黑点。现存记录所见不多，很可能是日后武后掌权时刻意替丈夫修饰的结果。如果不是两《唐书·本纪》部分和契苾何力的传记还留下一些记录的话，则我们所知更少。故此，薛仁贵尽管在讨平奚、契丹后曾参与这场战事，由于没有可供表扬之处，传记作者也可能采用《苏定方传》

所用同一的手法，略去不表。

不管实情如何，《薛仁贵传》中讨契丹后的下一段记录载他领兵击九姓突厥。有以为九姓突厥当作九姓铁勒，而所谓九姓，天宝后似指回鹘、仆固、浑、拔野古、同罗、思结、契苾、阿布思和骨仑屋骨，但以前则似乎视年代有变化[187]。虽然广义的突厥也包含铁勒在内，不过从下面所见当时牵涉到的部族名称，《薛仁贵传》中若作九姓铁勒比较贴切准确。铁勒历史起码可以追溯至贞观末年：二十一年正月，薛延陀亡后，铁勒与其他部族归唐，唐为他们置了6个都督府和7个州[188]。但后来未知是否受到贺鲁叛变影响，部分亦反唐。正史中所见最早的迹象是在显庆五年，史载当年八月，九姓中的同罗、仆固、思结、拔野古被郑仁泰领军三次击败，首领被杀[189]。根据郑仁泰的墓志，他曾分别任卢山、降水和铁勒总管。贞观二十一年所置的都督府中，有为思结部置的卢山都督府，另外降水或指结骨部，所以三者都指用兵铁勒[190]。《新唐书·本纪》和《册府元龟》卷九八六等记他任铁勒道行军大总管事在龙朔元年（661年）十月，如果他没有和苏定方一样，在显庆五年末和次年四月似乎在同一次出征中两次换官的话，则郑仁泰任卢山总管事，或在显庆五年之前未定，亦即是说，铁勒在显庆四年或许再度出现问题。《册府元龟》记录，铁勒曾杀害唐使人而且反叛，但不太肯定是什么时候。究竟何以出现叛变，原因不太清楚。显庆三年十二月，高宗曾将回纥都督回纥婆润和燕然都督多览葛塞匐分别封为左右骁卫大将军[191]，相信是对他们出兵协助平贺鲁的一种行赏，未知是否因此而引起部分部族不满。不管如何，薛仁贵和契苾何力的本传中，均提到二人分别擒得"伪叶护"，看来这些部族不满唐都督府制度式的统治，而希望恢复牧民族式的名号。总之，薛仁贵讨铁勒事，是指龙朔元年一役。

薛仁贵的传记在记此役之前特别加插了一件事：大军将要出征，高宗设宴招待将军，又从宫中拿出盔甲给薛仁贵试穿，同时对他说，古时有善射的人可以用箭射穿7重甲，你试射5重看看。薛仁贵于是听命，但一射之下，5重皆穿，高宗大惊，于是拿出更坚硬的盔甲赐给他。高宗提及可以射穿7重甲的人，应该是指春秋时代以百步穿杨留名后世的养由基。《左传》成王十六年记他曾射穿7重甲[192]。但从殷商以下迟至战国时期，皮甲是主要的护体装备，所以养由基的事迹有可信的成分。唐代的武装骑兵，虽然为了轻捷机动，出现了好像唐太宗一样马不披具的情形，但从墓葬中发现模拟贵族生活的将兵陶俑以至绘画，都可以知道当时较为精坚的甲胄是铁甲。在龙朔元年领军出征铁勒的郑仁泰墓中，便有模拟铁质涂金的札甲[193]。薛仁贵在贞观期征高句丽时白袍上阵，或许是未披盔甲，但他后来用的盔甲，当和郑仁泰的相去不远。我们不太清楚造箭技术方面是否有改良，但对薛传所记，仍然不能不生怀疑。事实上，正史传记作者加进这段事，无非是贯彻了全传的一个中心主题，就是唐朝两代君主都和传主薛仁贵不但关系密切，而且多加赏赐。赏甲一事，是继唐太宗在高句丽赏生口、高宗经雨祸赏御马后的第三件事。但如果史传作者果有此意图的话，则他似乎弄巧成拙，因为事件清楚说明了高宗并没有把最好的盔甲拿出来给薛仁贵。由此看来，薛仁贵得高宗赏甲一事大有可能，不过我们的理解，无须和史传作者相同。高宗没有把最好的盔甲给薛仁贵，并非不合理。当时出征铁勒的将军有5人：左武卫大将军郑仁泰是铁勒道行军大总管，燕然都护刘审礼、左武卫将军薛仁贵为副；鸿胪卿萧嗣业是仙萼道行军总管，右屯卫将军孙仁师为副[194]。薛仁贵不是资格最老的将领，高宗能够以宫中物资相赠军人本来已经是额外赏赐，没理由特别优待他。其他将领虽然未见同样记录，不见得就没有受到高宗的赠赐。

不管如何，薛仁贵军中有黑离军讨击使处月酋长沙陀金山。史虽未明载，但按当时习惯，沙陀金山必然曾带他的族人从征。处月是西突厥旁支，居于蒲类县东大沙漠地区，故又号沙陀突厥。贺鲁反唐时，处月内部对于何去何从出现分裂，最后亦重归于唐统治，立了金满、沙陀二州[195]。究竟黑离军占薛仁贵所领军的多数或少数史未详载，但薛仁贵带的纵然不是一支主要由非汉人组成的蕃军，亦应是一支蕃汉混杂的军队，而这亦应该是薛仁贵第一次担任外籍军团的指挥。目前我们不太了解指挥外籍军团是否需要一些特别的条件，现存资料也未能明确提供薛仁贵是否懂得一点少数民族语言。不过如果说他因为在长安生活了十多年时间,而他擅长的马上功夫,使他有不少和从贞观初年以后大量入住长安的突厥人交往的机会,又或单是和当时的长安居民一样,在十分自然的情形下,学到不少这批新移民的语言,亦不是十分出奇的。

不管薛仁贵的语言能力多强,但与一同率兵的萧嗣业相比,他必然失色。萧嗣业是南朝梁朝皇帝萧氏后人,唐初武德二年(619年),东突厥由于希望以华人对抗包括唐在内的新兴势力,将隋炀帝的萧皇后接入蕃,萧嗣业亦同时跟随,至贞观九年始回国。换言之,他在突厥中生活了十多年,故此"深识蕃情"。贞观十八年,便被派以通事舍人身份招慰薛延陀部领[196],而后来在征西突厥一役中更擒得贺鲁。他在这年初曾任扶余道行军总管,率回纥等蕃兵赴平壤以讨高句丽[197]。而唐军这次讨铁勒时,对高句丽的战斗仍未结束。因此,萧嗣业所率军队相信是由扶余道所抽调。事实上,前述契苾何力领军冲破了高句丽在鸭绿江的防线,却有诏班师,而契苾何力跟着被派为铁勒道安抚大使,参考他后来在征高句丽一役中亦带有同衔,所谓安抚大使带有军事性质[198]。可知当时西域的紧张形势影响到唐室在东境的军事行动,故薛仁贵正如前面所论,也有可能是从高句丽远征军中调派往西疆的。

薛仁贵本身的传记记述这次战事的手法,是再次集中表扬传主个人的英雄事迹,这次的主题仍不离描述他的神勇。传记谓九姓有众十余万,令骁健数十人,逆来挑战,薛仁贵射出三箭,射杀三人,其余的人一齐下马请降。薛仁贵因为恐惧他们会成为后患,把他们全部坑杀,又在碛北安抚其余的人,并且擒得伪叶护兄弟三人。九姓自此不复更为边患,而军中因此更出现了"将军三箭定天山,战士长歌入汉关"的歌谣。日后有关薛仁贵三箭定天山的民间故事即由此而生,不过也有征辽故事将天山移到辽东,而把事情说成薛仁贵射杀了三位是亲兄弟的高句丽将军。

  这段记录不是完全没有根据,但明显有不少夸张的地方。九姓有众十余万的数目或不必怀疑。目前所知分布各地、数十种不同种类的铁勒,合起来的兵数约有20多万[199]。不过这次反唐的九姓并不是所记全部。即使全部反唐,以他们分布地域的广阔,也不可能集中一处。前述出兵时曾派了五位将军,其中孙仁师在同年七月被派往百济,帮助平定当地的复国运动[200]。和他同军的萧嗣业虽然是仙萼道总管,但下面会谈到,后来到仙萼河的,却是郑仁泰军,故此路军或中途退出未定。但契苾何力一支唐军,则肯定曾出师。总之,唐军多的话,可能曾分兵五路,不然也起码分兵三路,断不会出现薛仁贵军单独对抗全部敌军的场面。薛仁贵的传记加入十余万的数目,无非是使后人错觉,以为薛仁贵曾独战敌人大军的一种手法。九姓自此不复更为边患部分比较符合事实,因为此后九姓虽然没有灭亡,但也并没有唐军出兵讨伐的记录。不过,由于领军的不是薛仁贵,这个功劳亦自然不能如《薛仁贵传》所记,由他一个人全领。事实上,契苾何力擒获的伪叶护以及其他统治阶层分子,便有200多人,数目绝不比薛仁贵逊色。

宋代史家欧阳修在所修的《新唐书》中,虽然收入"将军三箭定天山"的歌谣,但他在专门讨论金石学的著作中谈到薛仁贵碑时,表示因为碑中未见歌谣,故此怀疑歌谣乃薛家后人所增[201]。他的怀疑精神,是值得推崇的,但困难的地方自是要找合适的证据去讨论事情的可信性。唐中期诗人李益有《塞下曲》一首:"伏波惟愿裹尸还,定远何须生入关。莫遣只轮归海窟,仍留一箭射天山。"这首诗四句用了四个不同的典故,首两句的伏波和定远分指西汉的马援和班超;前者62岁宁愿马革裹尸也不怕战死沙场,后者则出使31年后上疏要求返国,仍不敢奢望到酒泉,只望可以到玉门关。第三句典故见于《春秋公羊传》僖公三十三年四月条,当时晋国同姜戎大败秦军,使秦军"匹马只轮无反者",这里相信是指不要放过任何一个敌人。最后一句很可能是来自薛仁贵三箭定天山的事,寄望将士可以像薛仁贵,扬威以至安定边塞。由于李益曾担任过抵御北方敌人的节镇的幕僚,而他的诗《从军北征》中有"天山雪后海风寒"句,相信他可能到过天山,甚或听过薛仁贵的事迹未定[202]。另外,明人陈棐在他的五言诗《祁连山》中,亦用到同一典故:"三箭将军射,声名天壤传。谁是挂弓者,千年能比肩。"[203] 不过,陈棐所听到的传说，或许已是来自正史薛仁贵传记的了。

如果薛仁贵的确三箭射倒敌人，他是否便因此破敌？这场战事真相如何？《资治通鉴》及《册府元龟》卷九八六等有龙朔二年（662年）三月郑仁泰等败铁勒于天山记录，可见战事无疑在天山发生。《唐会要》卷九十六则记为乾封元年（666年）三月，郑仁泰和薛仁贵破铁勒之众于天山，如果若是，似乎战事持续了相当长时间。但从唐当年春正举行象征天下大治的封禅礼来看，这个记录的纪年肯定有问题，不及前者可靠。另外，《旧唐书·本纪》等又记龙朔三年（663年）正月平铁勒，这个大概是大军最后胜利的消息到达朝廷的时间。换言之，战事从出兵开始至朝廷收到捷报，约经过了一年零四个月的时间。目前所见记载，只述及其中部分战事。当时反唐的铁勒部落名，有思结和多腊葛等，他们先据守天山，唐军至后，他们可能由于觉得寡不敌众，于是投降。由此看来，薛仁贵若确曾三箭射杀三位敌军将领，也只是敌人投降的原因。不过唐军并没有接受对方的降款，郑仁泰反而纵兵击敌，意图掳掠铁勒家口以为军士奖赏。薛仁贵亦坑杀前来投降的敌军。铁勒大概见势头不对，急忙远遁。这部分战事大概发生在龙朔二年三月以后。

但战事并未结束，唐军在追赶铁勒过程中，并未占得上风。郑仁泰的副将杨志便曾为敌军所败。郑仁泰得到情报，知道敌人行军粮草器械等的位置，领军袭击。郑仁泰于是领了1.4万人，轻骑前进，但一直至仙萼河，均没有敌人踪影，自身却开始缺粮。士卒饥饿，又遇大雪，只好丢下兵器，先杀马充饥，马吃完后竟然出现人相食现象，结果大军回到唐境时，只剩下 800 人[204]。这件事未载入《旧唐书》的薛仁贵传记，可能其他传记底本亦未载。《新唐书》薛传虽然收入，但或许源出于郑仁泰的传记或实录，一般隐恶扬善的墓志铭自然不记此事，郑仁泰亦不例外。不过，另一段薛仁贵在事后被有关部门弹劾的事，《旧唐书》虽然不载，却见于《新唐书》本传。记录尽管亦不见于《薛仁贵传》的底本，却是与薛仁贵天山一役直接有关。

　　批评郑仁泰和薛仁贵的，是朝廷的最高级检察官员司宪大夫，亦即御史大夫的杨德裔。他奏劾二人的时间在军队回到京师后，当是龙朔三年春，但内容却是论及前一年在军队中所发生的事情。史载当时薛仁贵"娶所部为妾，并交财赂"，奏文中则先后指责郑仁泰和薛仁贵的不当行为。杨德裔指出，铁勒、思结和多腊葛等本来已经"鹿走趋险……鸟穷思人"，要来投降唐朝，但郑仁泰等只顾念本身的利益，"乃肆凶残，恣行杀戮"，令铁勒等放弃降心，成为唐朝边患。杨德裔继而认为，郑仁泰因为"不量士马疲疴，不计粮食多少"，引致大量兵士死亡，成为唐朝开国以来声威挫损最大的一役。奏文后半部分针对薛仁贵，指他"远征不捷，贪残有素，平允乖方。既曰监临，岂宜交涉？存没枉滥，从此而生。娶妾虽作逗留，准法便须离正。虽或事有从赦，然而败累过多，纵矜所得，不补所丧。岂可并恣诬罔，不寘准绳？抚悼存亡，理宜惩肃"。奏文最后认为诸军主要罪状，在于"故杀降人，饥杀兵士"，因而主张司法方面起诉[205]。

这个记录和他的奏文确证了前述有关天山之役的经过和郑仁泰所领军的遭遇：铁勒部族原有降意，但唐军不纳降，于是战斗开始，唐军往往杀敌求财，但并不十分顺利。最后，郑仁泰一军在欠缺天时地利和没有敌人攻击下，失去大量军备和性命。记录同时也补充了薛仁贵此役中的角色，奏文部分内容的意思并不易明白。但看来薛仁贵似乎曾经在行军时与部分敌人谈判，涉及财物交往，即"并交财赂"，最后甚至娶妾，因而令和他成亲的部族得赦，但其中却可能包含了一些杨德裔认为有罪的部族，故此阻滞了行军。

杨德裔除了这事外，他担任御史大夫或其他职务的事情史籍差不多全无留传。御史大夫是唐中央政府中监察机关的最高首长，而杨德裔似乎又在此事上尽了他的职责，他的批评却并非必然无误。我们不必否认奏文中有关龙朔二年一役的事实，但文中却不无相当重的人身攻击。例如，开始部分描写郑仁泰等，"猥以非才，谬荷拔擢，或名参列位，或职典禁戎"。按郑仁泰的墓志载，他曾任右领军将军，押左飞骑仗，故此最后一句亦指他而不指薛仁贵。奏文后部以为薛仁贵"远征不捷，贪残有素，平允乖方"，似乎也不指龙朔二年事，而指薛仁贵过去的战绩。杨德裔对两位将军的指责,都是可以商榷的。郑仁泰早年从李世民在开国战争中没有功劳也有苦劳,在贞观中亦一直带兵,说他非才,似无道理。薛仁贵过去并没有贪残记录,他有关泥熟的上奏书,虽然或出于战略需要,亦表现出他仁慈的一面。坑杀敌军事,从唐太宗领兵征高句丽攻安市城时一再见到:在击败来援的高句丽和靺鞨联军后,唐曾坑杀靺鞨3000人;而李勣攻城不下,亦以坑杀对方为要挟。唐高宗时纵然有法制止,亦不能一时禁绝这种军中固有陋习。和郑仁泰与薛仁贵同时出征铁勒的契苾何力,在敌方投降后,亦在数算他们的罪状后杀掉他们,但似乎未受弹劾。故薛仁贵所为,并不是非常过分的。

除了坑杀敌军外,天山之役一个值得考虑的问题,应该是郑仁泰为了奖赏士卒而抢掠人口,薛仁贵的"并交财赂",是否纯为一种自私的行为,又或另有原因?究竟二人所带的,又是什么样的军队?高宗登位初期虽然较集中精力在内政,但并未忽视国境的拓展。自从西突厥贺鲁叛唐后,唐的外征可以说没有一年停止过。外征的军队中虽然有不少蕃将和他们所带领的外族兵团,但仍有相当数量的汉兵。正如薛仁贵本身的经历所显示,民众参军的一个主要理由是可以从中得到官职或其他物质上的好处。但随着长年的征讨,官府虽然仍用各种利诱使人参军,但人民慢慢发现政府的承诺实现得愈来愈慢,在某些地方于是出现一种厌战甚至畏战情绪。领兵攻百济的刘仁轨便在龙朔年间上书,指出兵募的素质大为下降，因为政府往往不登记应征者，参军的人出了力却拿不到官勋。结果是在半强迫性的募兵过程中，有钱人东藏西避，只有老弱的当兵。刘仁轨同时指出，在百济屯守的兵募并没有得到充足的军事物资供应[206]。

刘仁轨的上书，与郑仁泰和薛仁贵等出征铁勒时的时间相差不远。当时高宗十分重视远征高句丽，如果这支主力军队如刘仁轨所言，待遇和素质均不理想的话，可以想象，北征铁勒的另一支军队，亦不会有太大差别。特别是郑仁泰所领的军队，很可能是两年或三年内第三次出征，兵士纵然不是完全同一队，但一些中下级将领或许仍然在军。假如说郑仁泰的容许士兵劫杀抢掠，是以胜利品为激发军心的一种措施，并非不可能。他最后大败一仗，便是抢夺敌人所有的军需品，包括军粮而引致。可以怀疑，唐军本身严重缺粮或许就是诱发出这次冒险的原因。

薛仁贵这次所率领的尽管是回纥的外籍军团，但其实很难想象，唐朝过去在动员这些兵团的时候没有给他们一些好处或者赏赐。用现代的术语来说，这些兵团其实相当接近所谓雇佣兵。唐政府除了给予各部族的领导各种军衔外，相信尚有物质上的资助。假如唐朝对本身的军队也没有十分的照顾和供应的话，可以想象，对外族兵团的待遇也必然同时下降。因此，临时被派遣指挥这些兵团的将军如薛仁贵，可说面对一个两难，一方面他要完成他所受托的军事任务，另一方面，他又要设法令下面的兵员听从他的指挥。史载的薛仁贵娶所部为妾，似乎不应该是本身所带兵团回纥部族的女性，而是敌对的铁勒部族的女性。如果若是，则薛仁贵在这次汉蕃结好之中，必然曾获得大量礼物以为嫁妆。他以外族女子为妾，可视为一种较低层次的和亲，同样是一种政治婚姻。这种结合，唐朝法律上并未禁止，即使杨德裔亦没有以为娶妾本身不对，他批评的只是娶妾所引起的行军延误。不论谁是这段结合的主动撮合者，均需要薛仁贵本身的赞成。这样做也实在对双方有利而无害：铁勒付出了财宝，但却因而换得了和平；薛仁贵本身的军需不足，远征他乡实有颇大的冒险成分，但得回来的礼物除自用外也可以部分来满足所领外族兵团的欲望。他能借此化敌为友，应该可以算达到朝廷的目的。可惜的自然是郑仁泰的兵败，把他也无端地牵涉在内。

由此看来，天山一役唐军的种种所为，实在与当时的特殊的时代背景有一定关系。杨德裔指责的动机，虽在于"抚悼存亡，理宜惩肃"，但他一味把矛头指向个人，未有看到其他方面，不无矫枉过正之嫌。值得注意的是，杨德裔在龙朔二年三月，即在他上书不久，便因私自结党而被流放庭州。与他同时被贬的尚有一度是左相的许圉师。许圉师的儿子许自然曾经在游猎时侵犯民间田地，惹起田主怒气，用箭射他，许自然不甘后人，亦用箭回射。许圉师知道后，实行家训，把儿子打了100杖。但田主不服，告上官府，但作为司宪大夫的杨德裔不加理会，结果被人告发。高宗指责他侵凌百姓作威作福的时候，许圉师为自己辩护说：作威作福不是自己，而是那些手握强兵或身居重镇的人。他身为文吏，只闭门自守，不敢作威作福[207]。可以看出，许圉师和杨德裔在政治上属于同一阵线，这或许与他们的相近立场有关。两人由于本身的经验和出身，同时都对当时的武将有种莫名的不满。他们也许从民众的立场出发，反对武人的得势，令唐朝长期处于战火中。但他们攻击武将的手法，显然并不高明，也似乎忘记了高宗在对外征讨上的支持。许圉师和杨德裔的先后外贬，部分或许与朝中这种文武之争有一定关系。

在这种朝廷形势下，薛仁贵和郑仁泰虽被指责，结果均被高宗容许以功赎罪，并不令人稀奇。龙朔三年二月，燕然都护府改移回纥部落，改名瀚海都督府，原来的瀚海都督府则改名为云中都督府，以碛为界[208]。这次改组的主要用意，是将铁勒诸部和当时较亲唐的回纥合在一起，反映出在郑仁泰和薛仁贵出征铁勒后，北方局面受到控制。虽然如此，在薛仁贵的戎马生涯上，毕竟多少留下了一个污点，或许这正是后来他的传记作者极力夸张他这次出兵前的事迹，而少提实际战役情形的原因。

第十一章　三讨高句丽

唐高宗朝，唐朝版图扩展得最快最广，征战亦自然比前朝为多。唐高宗对于连串讨伐在民间所引起的不安，并非不无所知。龙朔三年八月，他便承认因为征海东，即朝鲜半岛，颇有劳役，因而下令停止36州的造船事务[209]。唐太宗贞观十八年征辽时，造船的准备似乎不过由3州负责，至贞观末，剑南道亦有数州参与工作。但高宗朝单是造船便有36州的数目，可见牵涉范围大为增加，而其他方面投入远征事业的人数必比前朝更多。苏定方在显庆五年所领渡海攻百济的兵数，有作10万或13万[210]，规模亦比前朝往高句丽的海军为大。不过高宗的诏书虽然意在减役，但仍然以为经营朝鲜半岛的战事是一场为了正义的斗争，这意味着时机成熟时，唐军会有卷土重来的可能性。同时，他并没有提到其他边境战事的苦役，一个原因大概是外族将领，即所谓蕃将的活跃，减轻了汉军不少沉重的负担。有统计显示，贞观八年至仪凤年间（676—679年）的行军中，有蕃将出动的比率高达85%[211]。而高宗朝除了讨百济一役因为以海军作主力，似未见蕃将外，其余每仗都可说有出身游牧民族的将领。

龙朔三年十月，绛州于介山和长安含元殿前的琅台阁内，据报均发现麟迹。究竟什么是麟大概没有几人清楚，但十二月二十一日，朝廷却因此下令改来年正月一日为麟德元年，而且同日大赦京畿地方，犯人各降罪一等，杖罪以下者得免。[212]不过，是否每个老百姓都能享受到麟德，实有疑问。高宗虽然下令停建东征的船只，但朝鲜半岛上的战事并未中断。当年九月，曾经和薛仁贵一同出师铁勒的孙仁师，从朝鲜半岛传来破百济遗民和倭联军的消息；同年底，据《资治通鉴》，唐又派出安西都护为行军总管，以伐弓月。这次的对手未知是否吐蕃，但西域出现的纷争似乎为时甚久，因为同书麟德二年（665年）闰三月的记录更记疏勒、弓月引吐蕃侵于阗。总之，唐朝要维持在四邻的领导地位，长期的外征，似乎难以避免。

这种保持唐朝在对外关系上取得优势的方针，自高宗登位，特别是稳定了权力后，虽然基本上没有出现重大变化，但唐朝内政却由于人事的变故，有部分的更新。前节便曾提及，朝臣中的文人，有不满武将势力过剩的情形。而另外较令人熟知的，无疑是武则天从先朝后宫蜕变成当代皇后。她对高宗的影响虽然往往受到后人的红颜祸水论而夸大，但高宗在某些事情上，特别是礼仪方面，似乎颇愿意听从她的意见，封禅礼的举行便是一个最佳例子。这个在中国传统上象征统治者大业功成的象征，虽然在隋以至唐初经过多次建议和准备，都因各种原因没有成功。但经武后的提议和群臣的附和，却在乾封元年决定举行。这年春天，中央以至全国各地的主要政府官员、唐四邻的使节，均齐集泰山行礼，场面盛大辉煌，是名副其实百年不能一见的盛事。在贞观末为慈恩寺落成而大事庆祝的高宗，纵然没有摆排场的习好，亦必然兴高采烈。不必怀疑，作为当时的主要军将之一，薛仁贵亦当和文武百官一样同登泰山，并且得到因为举行典礼的功赏[213]。当官的大概没有几个不喜欢这种典礼，特别是武将，不必拼命沙场，无须万里远征便可得到功赏。纵然不及战胜品丰富和可自由选择，但连年征战之后，能够在春光明媚的日子里登高，谁说不宜？

封禅大礼亦是当时的国际性大盛会。一些平日较少遣使到唐的国家，亦派代表参加。其中最令唐朝人瞩目的一位嘉宾，就是高句丽王子。他在前一年的十月已经到唐，究竟这次他是应邀到唐又或主动示好，难以深究。但唐在多次出征后，似未对高句丽有过任何妥协或准备和平的表示，他的出现，不免多少令人感到意外，也可能是在众外宾中，他特别被史官提到的原因。不过如果考虑到高句丽国中的变局，高句丽王子的到唐，亦不难理解。原来一直以反唐姿态出现的高句丽大臣渊盖苏文，在麟德二年末去世，继位的是曾经在鸭绿江与契苾何力大战而最后被击败的渊男生，即中国史籍上因讳唐高祖李渊名的泉男生。或许由于与唐交战失败的惨痛经验，泉男生不愿意见到人民长期受战争折磨，因而主张改变先父所遗下的一套对唐策略，由反唐、疏唐改为亲唐未定[214]。高句丽王子到唐，可能正是高句丽新统治阶层新外交政策的一个转变表现，亦令人期待朝鲜半岛的紧张的局势，今后可以略为缓和。

不过，如果说唐代东邻的国家有好像泉男生的亲唐派，也同时有好像他父亲的反唐派，两者往往会因对唐方针的不同而出现政争。新罗在太宗朝向唐请兵时，太宗提出几个不同的建议，便似乎令新罗统治阶级中出现不同意见，成为国内朝廷政变，即所谓毗昙之乱的一个原因。泉男生时的高句丽亦似乎出现同一情形，他的政敌，就是他的两个弟弟男建、男产。泉男生的政策可能来得过于急进。加上有人在旁挑拨离间，他的两个弟弟趁他离开首都到地方出巡时，发动政变，借高句丽王命召他回京，男生恐怕遭害，未有从命。儿子被弟弟男建所杀，男生无法回京，于是率所部以国内城为基地，一边向契丹和靺鞨招兵买马，同时向唐请援[215]。

泉男生虽然曾经试图为唐与高句丽的新阶段铺路，但唐可能认为高句丽王子参加封禅礼是理所当然的，而典礼刚完，新关系未有机会进一步发展。与此同时，唐廷对曾力抗唐军的泉男生要求军事援助，不免多少有些犹疑。因此泉男生不得不一再派使，以达到目的。他的第一次使人因受敌方阻拦未成功，第二次以臣下来，可能威信和说服力不足，最后不得不派出儿子献诚。献诚这个名字不知是他为了到唐而改又或由唐人所赐，但不管如何，这一招果然奏效。唐高宗以献诚为右武卫大将军，赐乘舆、马、瑞锦、宝刀，派使回报。用他作为向导，即行军的地理顾问。当年六月，以契苾何力为安抚大使，率兵增援[216]。

契苾何力是当年大破泉男生的唐将，由他领兵出援，反映了唐室方面或许依然未有完全信赖对方，因为泉男生若是诈降的话，在心理上必然较易出现胆怯之情。事实上，唐方面并没有派出大军。当时以行军总管身份同时出师的，尚有右金吾卫将军庞同善、营州都督高侃，身为左武卫将军的薛仁贵则和左监门将军李谨行殿后或后援。唐初出兵记录中，殿后或后援的用语似乎在此役初见，亦可见唐朝廷的小心。高侃过去有擒突厥车鼻可汗的战绩，但庞同善相信是凭父亲开国有功而得职，持军严整，并不惯于征战[217]，以他而不是薛仁贵作前锋是一件令人稍感意外的事。薛仁贵虽然和郑仁泰均曾因讨铁勒事遭批评，但郑仁泰不久即领军往吐谷浑，可见他的能力未受忽视，所以薛仁贵按理亦可以一样领兵。看来，唐这时仍未有意与高句丽有全面的军事冲突。

九月，朝廷收到庞同善的捷报，但若说他已经和泉男生会合，或许言之过早。据泉男生的墓志，当时他的势力，有国内城等6城和人口十余万户。国内城位于鸭绿江上游，在今吉林省集安，隋代已经被视为三京之一，可见十分重要[218]。根据过去经验，唐军要先在3个月内越过高句丽的首度防线辽水，似乎不太容易。但不管如何，这个捷报，似乎促使高宗决定把握这个难逢的机会，出动大军去讨平高句丽。十二月，大概在朝廷得到首批军队报告过高句丽形势后，高宗命令李勣为辽东道行军大总管，率六总管兵讨伐高句丽。这六总管分由水陆进发，陆路是辽东道的契苾何力、庞同善，由水路出发的则有鸭绿道的独孤卿云、积利道的郭待封，另外毕（卑）列道的刘仁愿从百济出发，而新罗的皇族金待问则回国组织从新罗发动的攻击。

为了支援这次规模庞大的军事行动，朝廷命令河北道诸州租税，全部拨归辽东军用，又特设粮使之职，可见高宗不惜代价而去争取胜利的决心。他起用李勣为主将，亦是令人注目的决定。李勣这年应该68岁，8年前从幸东都时曾在途中病倒，而这年行封禅礼时或许在顺道探望家人后坠马伤足，可见健康情况并不良好，并不适宜出征[219]。不过高宗以他领军，也可说别无选择。高宗的一贯作风，是谁打胜了仗或表现良好便以谁为主将，成绩欠佳便换人。因此苏定方能有机会再领军，而且多次成功。

他在龙朔初年领军攻高句丽未成功后，又曾领兵往凉州安集吐谷浑，下章会谈到他这次领军未有多大成功。到了高宗命将出兵高句丽的一年，已经75岁，比李勣更老，次年便去世，健康同样欠佳[220]。其他的将领中，萧嗣业虽然领兵经验丰富，但不知是否因他的南朝背景以及在突厥长大的关系，长期都是率领蕃兵，少有独当一面的机会。郑仁泰曾参加过太宗的征辽，但他亦于龙朔三年去世，可见高宗实在有朝中无大将的问题。不过，李勣挑起重任，未必全是高宗主意，亦有他个人愿意的成分在内。太宗朝时，他是主战派的代表人物，但20年来唐朝虽一再出兵，却一直无大进展，现在对方内乱，可说是绝佳时机，不容错失。他不会不知道过去在高句丽阵亡的将士有多少，他本来应该也可以推辞，但他仍然坚持负起这个任务，可见他有不惜以名誉及其性命去和高句丽一决雌雄的决心。

朝廷刚经过封禅典礼不久，和平日子正成为不少人的憧憬，高宗的决定必然令一些人感到失望。目前的记载并未记下当时曾否有过朝议，但征辽事在高宗和李勣的主张和支持下，大概反对的声音难以发出，有亦无从太响亮。可惜的自然是出征时常见的诏书类文献没有传世。但不难想象，若当时有这种类似现代宣战书的诏书的话，高句丽国中的高层斗争必然是出兵的最佳借口。事实上，除了泉男生外，他的一个叔叔泉净土，亦曾受到泉男建兄弟的压迫，有意投奔于唐，但由于被侄儿所阻，只好带4000

多户投向唐的盟友新罗[221]。总之，高句丽的情势比起唐太宗时可说更加混乱，而唐方面则比前更有决心达到征服高句丽的目标。

薛仁贵的名字虽然未记在前述的六总管中，但他既属第一批出发到高句丽的援军，无疑仍在阵中。如果这场战役以契苾何力率领薛仁贵等在麟德二年六月上阵时为起点，则唐军经过了两年零三个月，才攻破高句丽首都平壤；即使以李勣出兵时起算，也打了一年零九个月。高宗朝西突厥贺鲁反，自永徽二年至显庆三年始讨平，但当中分了好几次战役。这次征高句丽未知是否一气呵成，如果是的话，则可说是唐开国以来规模最大、时间最长的一场战事。虽然如此，现存的有关记录并不详尽，史料大多各有所偏，少有完整。例如唐军数目便不能过于肯定：李勣军渡过鸭绿江时，有兵2万人。但到了最后一仗时，契苾何力的传记则载传主领兵50多万先趋平壤，这50万的数目虽然没有证据认为它不可靠。但以当时唐出兵的习惯和需要来推测，说原本是5万，因传抄出现错误，不是没有可能。高句丽方面，史载有15万兵屯守辽河流域，这个数目与太宗领兵时来救安市城的援军数目相同，或许不是巧合。不管如何，高句丽一向对唐有所防范，故肯定是有备而战。

唐军要打垮对方，一个重要的策略就是利用高句丽高层的不和，尽量分化对方，制造有利本身的条件。具体的任务，就是如何首先和泉男生接触与合军。在这件事上，薛仁贵可说立了一功。

以庞同善和高侃为首的唐兵至新城后，泉男建夜袭唐营[222]，薛仁贵曾出兵赴救，本传载他杀了数百人。事实或是如此，但整体来说双方似仍未分胜负。当时高侃所领一军进至金山，或因攻新城不下而转移目标，不论如何，作战又不利，被高句丽兵追击北退。但薛仁贵再次大显威风，引兵从横截击，把敌军截断为两部分，除了《新唐书》的传记作5000人外，多数记录都载他杀了5万多人，似乎颇有夸张，但大胜则不必怀疑。他所领的唐军乘胜追击，又取得南苏、木底和苍岩等三城，与泉男生军会合。如果事情单见于薛仁贵本传，我们不能不怀疑它是否是另一个以偏概全的例子，但泉男生的墓志又记同事，而且除原来所据的国内等六城外，又提到木底等三城。这三座城降唐究竟是由于泉男生的影响又或薛仁贵的功劳殊难决定，但按当时形势推测，或许与二人均有关。契苾何力的本传亦记他奋力破南苏城，斩首万余级，不过之后却和薛仁贵分道扬镳。由此看来，任何一种记录所记都只是部分事实。三城必然与唐军有过一段攻防战，最后居民一方面慑于唐军之势，加上泉男生从中推动，终于降唐。尽管如是，泉男生之归唐，薛仁贵仍应记一功。他的传记还特别指出，高宗为表扬他的功劳，曾手写敕书，内容是："金山大阵，凶党实繁，卿身先士卒，奋不顾命，左冲右击，所向无前，诸军贾勇，致斯克捷，宜善建功业，全此令名也。"可见勇仍是他的本色。对于一个年过50的将领来说，不能不说相当难得。

薛仁贵与契苾何力虽然颇有胜利，但唐军在李勣指挥下所订的第一军事目标新城，仍未到手。这次跟过去隋唐两次征辽主要以辽东城为目标不同，个中原因，可能是辽东城在太宗朝后，依然为唐所占据。不过李勣的新战略并未取得很大的成功，唐军取得新城，是乾封二年（667年）九月，换言之，这一仗打了半年，史书只简单地记载了过程。唐军和过去一样，在城西南占得高地，用《旧唐书·高丽传》的说法，是"且攻且守，城中窘迫，数有降者"，总之是一场拉锯战。最后唐军硬攻不成，反间计却收效，由城内的人将守城将领缚起，交给唐军，战事于是宣告结束。这时又值秋冬之际，天气寒冷，但唐军，起码李勣所领一军没有退兵迹象。一如既往，他仍然亲居最前线。新城破后，他以契苾何力驻守，自己却领兵继续前进，他这个决定或与他曾约了新罗军九月在平壤会合有关，故相信行军与原定计划相差极远。不过高句丽失去重镇新城，军心民心似乎开始动摇。李勣随后先取得16城，其他30城均自动投降。但唐军相信亦伤亡不轻，所以次年，即总章元年（668年）元月，朝廷又派出在百济平定遗民运动多有经验的刘仁轨领兵，从水路加援。唐军进攻的形势这时亦开始变得复杂，分攻数路：主军由李勣带领，另外又有海军及从南向北攻的新罗陆军，矛头直指平壤。

李勣应该早对薛仁贵的勇敢有认识，他这时把本居后援的薛仁贵调到最前线，二人并肩作战，这次的目标是扶余城。薛仁贵本传把事情经过,写成另一幕以寡敌众的战事:他只带了2000人,在各将军的反对下,身先士卒,独战敌阵,杀万余人后便把城池拿下来。薛仁贵必然在破城一役中有大功。但这个描述,特别是因提及主将李勣名字,易令人觉得带有夸大的成分。扶余城是高句丽另一个重要的军事据点,过去高句丽所建长城东北端,即以扶余为起点。而高句丽泉男建军在失去此城前20多日,曾派5万人加强防卫,与李勣军遇于名为薛贺水的地方,两军发生一次大战,唐军据报斩首5000余,获3万人。这一仗薛仁贵不知是否曾参加。目前大多记录,均把薛贺水之战与破扶余城事先后倒序。从地理上看,薛贺水似在今辽宁省丹东市东的赵家沟,亦即在鸭绿江下游,而鸭绿江上游属泉男生势力范围,故泉男建军大概先由平壤至鸭绿江下游的薛贺水,但在当地与李勣军相遇。如果薛仁贵后来真的只带二三千人成功取城,或许正可能是因敌军早在由李勣领军的薛贺水一战,被打得七零八落未定。

薛仁贵本传又谓扶余城破后,所谓扶余州地方的三四十城纷纷降唐,这亦不可能为薛仁贵一个人的功劳。究竟所谓扶余州地方有没有三四十城,亦是个疑问。《旧唐书》薛传载,薛仁贵三征高句丽的下一阶段,是"并海略地,与李勣大会军于平壤城"。主张这数十州包括扶余城至平壤中的一段路,是一个可以接纳的解释。不管引文中"会军"是否应作"军会",薛仁贵或许已经可以独当一面领军。但这数十州相信不是大型而只是小型军事堡垒，因为唐军下一个大型军事目标，是位于鸭绿江口不远的大行城。贞观二十二年，薛万彻所率的海军，曾以大行城为第一目标。个中原因，一方面是在鸭绿江登陆会比在平壤附近登陆安全，可以为陆军补给中继站；另一方面是海军在陆军未到平壤时，亦可以像李勣在薛贺水战胜泉男建军一仗所示，截击平壤所发的援军。《薛仁贵征东》的小说中，有部分提到唐太宗被困凤凰城，得薛仁贵相救。凤凰城也算属于鸭绿江下游地区，唐名乌骨城，位于大行城西方，同样是个要塞。唐太宗的将领虽曾一度建议先攻乌骨城，但他未有赞同，所以他实在未曾到过凤凰城。唐军这次在李勣领导下只攻大行城，或许早就攻下了乌骨城。

唐军花了多少时间攻破大行城史未明载，但在渡鸭绿江时确曾遇到不少困难。原来由郭待封所率海军在运粮时因船破失期，为了通知主帅李勣而不被敌人识破，于是将消息巧妙地用离合诗表现出来。据本传，李勣是个地主出身，家多僮仆，相当富有，但却似乎未有读多少书，有亦不喜欢离合诗这种玩意。他看不懂之下，老羞成怒，几乎把使人处死，幸而得军中通事舍人元万顷为他释义，始了解内容。元万顷大概因此得到李勣信任，受命作讨高句丽檄，在文中他竟然讽刺对方守鸭绿江。泉男建收到檄文后，连忙加紧鸭绿江防卫，而元万顷后来被高宗流放。郭待封用新方法传达军事情报的事，反映了离合诗在文人中的流行，而元万顷在无意中泄露己方重视鸭绿江，亦可见到新一代的文人对兵法认识不深，似乎不再是文武双全了。

战事开始进入最后一个阶段，唐军攻取大行城后，又取得另一座辱夷城，但地点不详。唐军攻拔扶余城事，在当年二月，破平壤事在九月，这场攻城战花了一个多月。换言之，唐军开始攻平壤当在七月左右，而为了渡鸭绿江，可能用了两三个月。另一方面，从百济方面出军的刘仁愿在八月因赶不及军期而被革职兼流放。正因此故，在朝廷的高宗亦心急了。泉男生在和唐军会合后，在乾封二年一度到朝廷，被封为辽东大都督、上柱国、玄菟郡开国公。高宗把他也调到前线作为向导，即军事顾问，希望利用他对当地情形的了解以发挥唐军的攻击力。未知是否这个亡羊补牢措施的效力，唐军只花了个把月便攻下平壤。唐军成功的原因不是因为人多势众，尽管契苾何力如本传所记，带了50万军队。唐军也没有使用了什么新武器。主要原因，是高句丽统治层中再次有不同意见：曾经派王子到唐的高句丽王，是否一开始即愿意真心倾向泉男建一方，本来便不清楚，现在则主张投降。值得注意的是，他这次和泉男生的弟弟一起，带同98位将领和官员出降。仍然坚持抗唐的，只有与乃父性格上又或对唐方针上最接近的泉男建。但男建实在与当时高句丽的人心乖离，他把军事重责交托给僧人信诚，但信诚却人不如名，自行为唐内应，开门纳唐军。但一向容许军士在胜利后擅自行动的李勣，并没有多安抚居民，反而焚城4日，男建自杀不遂，卒为唐军俘虏。

隋唐帝国经过近四分之三世纪，终于达成征服高句丽的愿望。不论隋唐用什么冠冕堂皇的借口，例如执行正义，又或拯高句丽人民于水火之中，征高句丽的真正目的，无非重建一个盛世版图。究竟这是否值得，实在见仁见智。对于隋唐君主而言，这可说是衡量个人功业的一把量尺。总章一役后，唐高宗封高句丽王司平太常伯员外同正，泉男产为司宰少卿，僧信诚为银青光禄大夫，泉男生为右卫大将军。他们或许会庆幸作为亡国和战败者的待遇并不太差，但有几个人，特别喜欢到异乡去接受这些荣誉和高职，却大有疑问。唐政府视为急救对象的高句丽人民，因为长年为抵抗唐军所付出的代价，自然难以计算。同病相怜的自然是为唐政府当兵卖命以至出任后勤部队的大唐百姓。有征辽经验的军士，有时会获得一些优待。龙朔元年，大顺府果毅王万兴犯了军令，便得到高宗以他曾从征有功，特令放免[223]。但这种恩惠，无疑是少数和例外的，与他们所付出的实在并不相称，更难以补足他们在社会家庭各方面所承担的损失。对于统治者来说，长年征战对国家生产力的消耗，纵然不可以用数字表达，亦种下日后朝廷中在国防问题上反战派和主守派日渐抬头的种子。

但对于薛仁贵一类的武将来说，不论高句丽或其他地方，只要能提供一个打仗的机会，便会受到他们的欢迎。战时到前线视察军情的贾言忠，在向高宗述职的报告中，只形容薛仁贵一人为勇冠三军[224]。而高句丽灭后薛仁贵除了升职为右威卫大将军外，又被任命为检校安东都护。不过首席人选亦非如史籍所载是他，他的任职不过是为填补首任者魏哲突然死亡所出现的空缺[225]。魏哲的官历和薛仁贵不无相同之处：他同样饱读诗书，而且一任官便当起国子博士，亦即官学的老师，但后来亦投笔从戎。贞观十六年，他任北门长上，后来又参加征高句丽，但至贞观二十年始任游击将军、果毅都尉；高宗朝时，他在显庆四年任铁勒道行军总管，在麟德元年始迁左骁骑中郎将和右监门、左武卫将军；征高句丽一役，他是辽东道行军总管。目前各种版本记他在乾封二年诏加上柱国，仍检校安东都护，二年当是三年之误。他在次年三月十六日在"府第"去世，未知是否指安东都护的官邸。正史中未见他名字，或许是他在征战中未有特别出众表现之故。唐室命他为刚成立的安东都护首任长官的理由，并不清楚，唐早放弃以德服人的外交政策，故他虽曾任国子博士大概不是主因。他征辽的经验，无疑有助他登上此职。不过是他在任不久去世，便由薛仁贵接任。

　　薛仁贵正式的职位是检校安东都护，同时又升为右威卫大将军，封平阳郡公。他的征辽经验可说较魏哲更丰富，但在行政方面却一片空白。高宗和其他决策者，可能希望借他的战绩与威望，使唐在高句丽的统治能够顺利，不再出现百济亡后唐军所遇到的反抗[226]。但如果是这样的话，此种想法，不无一厢情愿的成分。治理异邦的人才无疑并不是一件必然可以在国内培训出来的事情，但若能找一些国内在治理地方有政绩或经验的人，效果或会更理想。唐在灭高昌后设西州和安西都护府，留兵以镇。首任的几位都护乔师望、郭孝恪、柴哲威，都是将领出身，但有行政经验的郭孝恪便似乎比其余二人较有表现。但无可否认，都护长官不是一件易为的差事。高宗初年，安西都护便再由原籍高昌的鞠智湛担任[227]，实行高昌人治高昌的政策。

两《唐书》薛仁贵本传记唐军胜利后，一起留在高句丽的尚有刘仁轨，但后者在次年即以疾病理由请辞[228]，高句丽的管治任务于是全落在薛仁贵手中。旧传记薛仁贵在高句丽的政绩云："移理新城，抚恤孤老，有干能者，随才任使，忠孝节义，咸加旌表，高句丽士众，莫不欣然慕化。"这种公式化的记载，在什么程度上反映实况，不易断定[229]。但薛传所记，显非全部属实。总章二年（669年）五月，唐将近3万高句丽户，加上车马牲畜移入内地。唐破四邻各外族例如百济后均曾移民，但如此规模并不多见，这部分自是与高句丽人口较多有关[230]，但同时亦显示了唐在高句丽的统治上遭遇困难。事实上，两个月前，高句丽贵族安胜曾率4000余户投新罗[231]。同年八月，高宗放弃西巡部分原因，是"高丽新平，余寇尚多"[232]。反唐运动，亦于次年初在钳牟岑的领导下展开[233]，这正是唐室"列辽东地为州县"的时候[234]。近人在东北地区有见薛仁贵祠坛碑，又有薛礼庙；而现今仍存留的传说中，又包括他曾修一高丽城[235]。但不管这些可否视为薛仁贵的政绩，也不论他曾否"抚恤孤老",高句丽人未有"欣然慕化"一点,却是无容争论的。

　　唐室本来的计划,似乎是由薛仁贵和刘仁轨一文一武共同治理高句丽。薛仁贵没有行政经验,刘仁轨离去,局面更难应付,故薛仁贵未能有效地管治高句丽并不为奇。他亦未有充分机会去表现本身可能有的治能。不过,灭高句丽之役却无疑使薛仁贵的军旅生涯推至近乎顶峰。唐初能从大将军的职位再上一级的并不多见,贞观朝侯君集和李勣曾先后为兵部尚书,高宗朝的兵部尚书唐临、任雅相、姜恪真能用兵的却似乎不多[236]。高宗喜欢升迁刚得到胜利的将军,薛仁贵若能把握下次机会,不无更上一层楼的机会。但位高势危,侯君集的结局是有目共睹的。看来薛仁贵的前程,很可能是非进则退了。

第十二章　大非川之役

龙朔年间（661—663年），唐高宗以苏定方领兵，先后伐百济和高句丽，可见他喜欢用从前线凯旋的将领为总兵。这个倾向，在高句丽灭后仍未改变。咸亨元年（670年）四月，他又用在高句丽一役声名大振、刚升为右威卫大将军的薛仁贵为逻娑道行军大总管，讨伐吐蕃。

吐蕃与唐初关系最为人熟知的是文成公主入藏，这件大事，其实可说是唐在灭吐谷浑后未有更好方法处理西南关系而改变策略的结果。贞观八年，唐出兵吐谷浑，虽然得胜，却令吐谷浑不少人对唐产生敌对情绪。而由于吐谷浑和吐蕃有甥舅关系，部分吐谷浑部族因此投向日渐强大的吐蕃，迫使唐在贞观九年再次出兵。这次唐灭了吐谷浑，不过仍然未能解决吐谷浑国中的离心分子问题。唐后来又因许以吐谷浑和婚，却拒绝吐蕃，成为吐蕃向吐谷浑和唐出兵的一个原因。唐为了打开死结，最后终于答应和亲，事情实有点出于无奈的味道[237]。尽管如此，文成公主的政治婚姻，却成功地令唐和吐蕃化敌为友。贞观二十年，唐太宗从辽东远征回国，吐蕃曾遣禄东赞到贺，送了一只高7尺、中空以盛酒、用黄金铸成的鹅为礼[238]；二十一年，吐蕃出兵助唐伐龟兹[239]；二十二年，唐击帝那伏国，亦得吐蕃精锐1200人来助，唐胜利后，吐蕃又遣使来献捷[240]。这种种事，都说明二者关系不错。

贞观二十三年太宗去世后，高宗封赞普，即吐蕃的首领弄赞为驸马都尉、西海郡王。赞普给长孙无忌等一封信，答应天子初即位，臣下有不忠者，当勒兵赴国讨除。长孙无忌在当时固然独揽大权，但赞普的信不以高宗为对象，内容亦有令人觉得大言不惭的味道，难怪《资治通鉴》的注者指出太宗死后，吐蕃开始有轻中国之心。弄赞不久去世，继位的儿子不长于位，年幼的孙子登基，国政由大臣禄东赞掌握，轻唐态度日益显露。《资治通鉴》记显庆三年，吐蕃向唐请婚，高宗没有答应；与此同时，更多的吐谷浑附唐。这些事件可能是显庆五年八月禄东赞派他儿子起政出兵击吐谷浑的原因。然而吐蕃向外扩展的倾向，并不止于吐谷浑方面。贞观末年，吐蕃西北方面的羊同已为吐蕃所合并[241]，时间上与唐太宗征辽相近，看来是乘机拓展势力。据《敦煌本历史文书》大论东赞除了龙朔二年外，自显庆四年至乾封元年，亦即高宗连续出兵百济、高句丽之际，一直停留在吐谷浑地方，而其中的首年尚有和唐交战记录[242]。这个记录载苏定方率唐军 8 万，败于只有 1000 的吐蕃军。由于同记录不见唐正史，似乎补足了唐方面史料不足地方。但细心考察唐史料，苏定方这一年年底，曾领兵平定西突厥中的阿悉结阙俟斤都曼[243]。若果他又以 8 万大军出师吐谷浑的话，尽管打败，亦不会全无记录，而高宗相信亦不会再派苏定方出兵西突厥。另外，苏定方在龙朔三年六月率兵往凉州安集吐谷浑[244]，这件事他的本传未记，所以很可能不是功败垂成便是无功而退，所以吐蕃记录亦不无系年错误和夸大的可能。唐朝的官方记录谓当时吐蕃与吐谷浑曾经发生纠纷，双方都向唐请兵，但唐大概正在东边用兵，所以"高宗皆不许之"。最后亲唐的吐谷浑首领诺曷钵不敌，连同和亲的弘化公主走投凉州[245]，所以唐要派苏定方任安集大使，而和苏定方一齐出兵的还有凉州都督郑仁泰和将军独孤云。他们的任务，其实就是接应兵败来归的诺曷钵，并且把他们迁移到灵州，置安乐州让他们安居。吐蕃见到唐大军，大概无意出兵，改为利用外交手段，派使到中国朝廷诉吐谷浑的不对。高宗虽然愿意从中调停，却没有容许吐蕃在赤水地牧马的要求。或许是这缘故，后来吐蕃差不多每年都出军，至乾封二年二月，将唐西南部的诸羌羁縻 12 州全攻破[246]。显而易见，大论东赞长期驻在吐谷浑，就是为了在军事和政治上加强吐蕃控制的需要。

吐蕃不单在吐谷浑扩展势力，还在西域向唐挑战。龙朔二年，大论东赞唯一不在吐谷浑的一年，曾在吐火罗地方征集象雄地方的供物，可能为了军事做准备行动。这年末，唐将军苏海政受诏，和两位归唐原籍西突厥都督阿史那步真和阿史那弥射，连同共讨龟兹和疏勒。当时吐蕃曾出兵相助二国抗唐。大约在第二年前后，苏海政因兵疲师老，于是以军需品送吐蕃，作为讲和的条件。吐蕃虽然答应，仍然不时提起出兵前阿史那弥射为阿史那步真所杀，而苏海政则无能，滥行诛戮事。看来吐蕃是想借机挑起西突厥中的反唐意识，后来所谓突厥十姓无主，部分人附于吐蕃，与此或不无关系[247]。期间唐虽然数次派兵相救，但到了咸亨元年，唐代的安西四镇终于落到吐蕃手中[248]。

不过吐蕃对吐谷浑方面的侵略并未停止。咸亨元年，吐蕃又取得羌地未受控制的其余18个羁縻州，这18个州以白州为首[249]，唐岭南道有白州，但此处白州不可能指岭南道地方，而实应指后来的陇右道西一带名字不全的羁縻州。唐朝对吐蕃的扩张本来早想对付，乾封元年五月，曾把诺曷钵从河源郡王改封为青海王，可能是一个唐朝用武的先兆[250]。不过唐没有出兵，无疑是因为高句丽方面形势出现了意想不到的转变。唐在灭高句丽后，如何对付吐蕃自然再成为必须解决的问题。总章年间（668—670年），吐谷浑因吐蕃的军事压迫加剧，向唐求救[251]。第二年，朝廷曾经派契苾何力为乌海道大总管，支援吐谷浑[252]。这次行动似乎颇为迅速简单。因为同年九月，契苾何力又出现在朝廷会议中，讨论应否移徙与唐室有和亲关系的吐谷浑首领诺曷钵往凉州南山。史载迁徙的用意，是希望避开吐蕃的攻击。看来过去苏定方把他们从凉州移往灵州并且置安乐州的事未有成功，个中原因，或许在诺曷钵希望借唐的实力，回国重建政权未定。有朝臣认为，迁吐谷浑亦未必令吐蕃改变立场。而高宗的意思则是先下手为强，但朝臣中主张出兵的只有军人出身，曾参与郑仁泰、苏定方凉州安集行动的姜恪。其余人中，右相阎立本以经济理由反对兴兵，而认为应该暂时缓兵者，则包括刚从前线接应吐谷浑回来的契苾何力。他预测吐蕃来春将会再进兵，并提议到时再出师[253]。

由此看来，咸亨元年在西域且末虽然可能发生过唐与吐蕃冲突事件[254]，而在当年四月，亦即薛仁贵出兵同一个月，唐朝为了对付吐蕃在西域的扩张，又加封西突厥首领阿史那都之为左骁卫大将军兼匐延都督[255]。但由薛仁贵所率领的军事行动，目的是针对吐蕃在吐谷浑旧地和唐边境的活动，多于为了缓和西域方面的局势。如果说出兵把吐蕃主力吸引至东线以解安西前线的紧张局势[256]，也不过是行军的副作用。由于薛仁贵出兵正在四月，看来契苾何力正确估计了敌方军情，而高宗也采纳了他的提案。

薛仁贵虽然久经战阵，也不是没有领过军，但这次被委为全军最高统帅,责任重大,心情亦与过去有所不同。他的任务可说不轻,因为这一仗的结果,将决定唐与吐蕃在吐谷浑甚至西域方面彼此影响力的互相消长。薛仁贵的副将,一位是灭高句丽一役时任水军总指挥的左卫将军郭待封,另一位则是左卫员外大将军阿史那道真,是唐前期典型的一支外征蕃汉部队。其中蕃汉比例不易猜估,特别因为兵数记录各有不同,但相信约在 10 万左右[257]。

薛仁贵虽然以勇闻名,但并非完全是位有勇无谋的将领。他虽然似乎未和吐蕃有过交手经验,但唐朝廷中亦未有几位有资格。他加入军队已 20 多年,经过不少战役,也有过多次指挥个别战役的机会,对吐蕃之战,实可令他发挥过去行军心得,一显将才。可惜的是薛仁贵一开始便出师不利。根据薛仁贵传记的说法,副将郭待封要负相当责任。郭待封是将门之后,父亲是第二任安西都护,自己则以举人身份入仕,后来得到裴行俭的提拔,任为将军[258]。薛仁贵的传记说郭待封因为过去曾任职鄯城,与薛仁贵地位齐列,这次未能领军,心有不甘,故不时提出与薛仁贵相反的意见。出兵的时候,薛仁贵指出敌方的主要据点乌海城,乌海路程遥远,行军不易,加上该地有瘴气,军队不适宜久留,故此主张把军需品大多留在大非岭,以 2 万人修建防守工事,而余人则轻锐倍道,令敌人措手不及,得到胜利便可回军。薛仁贵先领军至河口,击破敌人,获得牛羊万余头,留在乌海城,以待后军增援。但郭待封不听命,带着军需品继续前进,未至乌海城便碰到敌人,军粮及其他所有均为对方掠夺,于是薛仁贵只好退兵到大非川。吐蕃得势自然不饶人,又带同40万大军来战,唐军大败,全军覆没而归[259]。据《旧唐书·吐蕃传》,自此"吐谷浑地皆陷",说明了此后吐蕃势力大增,成为唐室一大边患。民间诗人的作品中,有"儿大作兵夫,西征吐蕃贼。行后浑家死,回来觅不得"的诗句[260],或许就是指此役未定。

薛仁贵的传记载,他借星象学指出军事行动不合乎天时,自己预知兵败,慨叹以邓艾自比[261],无非是以宿命论来说明非战之罪,欲盖弥彰。现代学人曾举出三个理由,以为尽管郭待封不违薛仁贵命令,唐军亦不免一败:第一,吐谷浑向吐蕃;第二,吐蕃熟谙地理,以逸待劳;第三,吐蕃兵力占优[262]。这些意见,有参考价值和补充需要。首先,唐对吐谷浑的控制无疑因吐蕃的扩张而大打折扣。据《敦煌古藏文历史文书》,吐蕃的赞普在总章二年甚至曾向吐谷浑征收入贡赋税。但是,没有证据显示唐全部失去与吐谷浑部族本来良好的关系。诺曷钵的母亲是吐蕃王室女,但唐室兵败后诺曷钵没有投向吐蕃,反投向唐,说明了一些吐谷浑部族即使表面倾向吐蕃,并不一定是出于本心,而只是囿于形势。他们不一定亲唐,但他们是否绝对支持吐蕃是可以讨论的[263]。第二,唐蕃决战地点在大非川,地距吐蕃界近150公里,而距唐方面的鄯城则近200公里,故相对来说距离并不相差太远²⁶⁴。事实上,唐在贞观九年征吐谷浑时便走过这路,当时李靖率领的唐军据侯君集的建议,趁敌人未利用地形做好防守准备时,轻骑深入,虽然路上颇为辛苦,特别是没有水,只能人食冰、马饮雪,甚至有部分人一度希望退兵,但最后还是成功²⁶⁵。可见胜负与战术颇有关系,亦可见薛仁贵开始所采取的策略,基本上是正确的。据藏文文献,吐蕃赞普前一年虽在吐谷浑,但这一年却可能在且末与唐军作战;故为了迎战唐军,吐蕃或可能要从安西方面调来多少军队未定,故敌人同样有疲于行军的可能。再从实战情况来看,唐军主动,且先获小胜,并未见吐蕃占到任何以逸待劳的优势。至于《薛仁贵传》中所记吐蕃军先后有20余万及40余万,观乎撰者设法替传主减轻该役责任笔法,是否可信数目,不无可疑²⁶⁶。要之,地理形势或有利于吐蕃等游牧民族,但唐军并无必败理由。

因此,唐军之败,领军者责任便不能不追究。如果事情如《薛仁贵传》所记,单是由于郭待封不服军令,则失败原因部分仍得归于薛仁贵的领军驾驭无方。郭待封曾守过鄯州,鄯州地近吐谷浑,故郭待封对吐谷浑和吐蕃有一定的认识,加上他在征高句丽为水军总指挥,处处与薛仁贵为难,是有可能的。但事情看来并没有薛仁贵的传记说得那么简单。唐朝人对该役有颇严厉的批评,如目前能见到的魏元忠²⁶⁷和陈子昂上书²⁶⁸,均同时针对薛仁贵和郭待封二人,没有突出一方,亦未有提及同时领兵并同受军法的阿史那道真[269]。这似乎反映了唐初战事虽多有蕃将参与，但指挥权通常均留在汉人手中的情况，也可能是突厥族的马军损失较少。不管如何，魏元忠的封事，更揭露了一些薛仁贵本传中未见而需要补充的记载："败军之后……弃甲丧师，脱身而走。"这篇上书在上元三年（676年）吐蕃再度入侵时，他举出太宗征高句丽时张君乂不进攻的例子做对比，认为薛仁贵领军无方而高宗未加以严刑，是军人士气不高、令吐蕃得以强大的原因。魏元忠在上书时只是太学生，竟敢作如此批评，相信必有多少事实根据，消息或许来自在该役幸得保存性命的京畿地区士兵，夸大失实的可能性应该不高。薛仁贵本身的传记载，高宗后来召见薛仁贵，也认为他"有过"，并提到有人指薛在乌海城"故不击贼"；而在另一个记录中，高宗更清楚指出薛仁贵与郭待封本来应该处死[270]。

由此看来，薛仁贵在乌海一役当是未有尽全力出兵，以致郭待封败走，而且兵败之后，并未好好收拾残兵，使战果如陈子昂所形容的"一甲不返"。兵败或可说是兵家常事，但薛仁贵处理败战的手法却实在不能恭维。薛仁贵传记谓他曾以邓艾自况的事，不一定是虚构。邓艾事迹主要见《三国志》卷二十八，他是三国时魏国名将，最著名的事迹是领兵灭蜀，他在战事完毕之后主张厚待蜀主刘禅，以为将来进攻吴国铺路，又认为已可以负起任命蜀人新职的责任，不必事事经中央批准，结果在其他人的指证下，被朝廷认为揽权谋反，最后在囚车中被杀。薛仁贵引他自比，一方面显示了他对历史相当熟悉，反映了他不是无学武人；而他以邓艾而非其他人自比的原因，当是想指出本身所受的指责同是冤枉的，自己是立了功而未受赏识的。但这个比喻不无牵强感觉，因为薛仁贵出兵初段破获敌人与掳获对方牲畜事，实难与邓艾的灭蜀一事相提并论。但薛仁贵用邓艾自喻的目的，也可能是借用邓艾在史书中的一句"兵法，进不求名，退不避罪"[271]去为他在大非川之败自辩。

不管如何，大非川一役结束的经过，也不一定如薛仁贵传记中所记是与对方约和。各种记录均谓唐军在决定一战中死伤略尽，薛仁贵、郭待封及阿史那道真等并脱身走免，尽失其兵，但相信源出实录的记载并无讲和一事。看来薛仁贵除非像龙朔二年时苏海政一样，用军资赂吐蕃[272]，不然，他实在不可能有什么条件能和对方讲和，传记所载只是掩过之词；《资治通鉴》也采用了这个说法，可说是被前人瞒过了。

吐蕃一役，本来可以将薛仁贵的事业推上高峰，结果却成为他一生中最大的污点。唐朝西边的国防，本可借此一仗重新在吐谷浑地区取得较主动的地位，结果不但没有扭转局面，反而从此每况愈下。唐代在西面的边防，后来逐渐出现军区制度，以屯田为主要方式，边兵盛而中央军衰，无疑是在7年后的仪凤三年（678年），李敬玄、刘审礼等所领18万大军，再次被吐蕃大败前后事[273]。当时刘审礼兵败,李敬玄按军不动,未敢援救,不知是否受薛仁贵之役的影响。不过始作俑者,却不能不追溯至薛仁贵所领军的大非川一役。

第十三章　铩羽新罗

唐代承袭了南北朝各方面的传统，加上隋代的经验，是中国政治制度发展颇为成熟的一个时期，政府内的文书来往、部门编制、人事升迁等都有相当详细的规定。话虽如此，但在中央政府最高层的决策上，皇帝作为统一帝国的最高权力执行人，无疑仍是举足轻重的。薛仁贵虽然在征讨吐蕃中严重失利，但却未遭严刑处置，亦没有流放到边陲地方如岭南。朝臣后来批评这件事没有更严厉的军法处置，亦即是处死，可以说是近乎反对高宗的做法。直至大非川之役，高宗由于在军事上少有大挫，对处置军败事情没有太多经验。但他并非对军法一无所知，第八章曾提及高宗初年程知节、王文度和苏定方三人曾出师伐贺鲁，但前两人因屠敌掠物而被处军法,"坐处死,后除名"。史载高宗似乎只将薛仁贵、郭待封"除名",未知是否处理不同,又或只是史载过于简略而略去处死的决定。如果是前者的话,则高宗的措施,也许是他对薛仁贵过去令他可以在大水中逃命之恩的一种未忘表现未定。不管如何,朝臣纵有异议,亦不易动摇皇帝的最终决定,薛仁贵亦因而保存性命。

值得注意的是,除名并不一定是军人生涯的最终休止符。上记的程知节后来似乎没有再领军,但王文度则在史籍上再有出现。据《旧唐书》卷八十四刘仁轨的传记,他在唐灭百济后,以左卫中郎将之职被派在百济旧地新建立的熊津都督府为都督。但王文度不久在任内病逝,因此朝廷又派刘仁轨到百济协助镇守。刘仁轨后来虽然荣升宰相,但他这时仍未发迹,而且同样有过监统水军未能依军期而触犯军法免官的经历,是另一个军将除名例子。不过他参与平百济一役,得以将功补过,但新派官职只是检校带方州刺史,并不算太高。新职亦不特别令人欣羡,因为当时的唐军由于面临图谋复国的百济遗民,正处于劣势。刘仁轨的任务,是设法动员新罗兵,替刘仁愿解围。刘仁轨虽然完成了任务,但仍然有孤军作战之苦,缺乏接应。高宗在苏定方北面对高句丽战线失败后,亦一度指示两刘在适当时候可以回军中国,无须久留。不过,两刘未有听命,更合新罗和百济亲唐军,在白村江一役大败有意伸展势力到朝鲜半岛的倭和百济遗民军,稳固了唐在百济的基地，也为他自己的仕途重新铺路。

薛仁贵在大非川一役后的情况不无与刘仁轨相同的地方，他在除名后虽然没有如平百济的机会让他可以将功赎罪，但他不久却因高句丽"余众相率复叛……为鸡林道总管，以经略之"[274]。按唐高宗在龙朔三年初次以新罗为鸡林州都督府，故薛仁贵的进军目标，其实是新罗[275]。两《唐书》薛传对事情一无交代，有关高句丽及新罗部分的《东夷传》亦只字不提，究竟何以派他出兵？大非川的另一员败将郭待封却再不出现史籍，薛仁贵是否受到朝廷另眼相看？他能否和刘仁轨一样可以否极泰来，甚至从此登上相位？事情的来龙去脉究竟如何？

毫无疑问，唐出兵新罗，是唐和新罗从本来同盟关系的180度改变。要明白这个从友转敌的过程，便得先明白两者盟友关系的基础。在朝鲜古三国之中，新罗崛起最慢，国力亦相对较弱，在与中国关系上，因为地理关系，也发展得比较迟。不过正是由于它北部和西部两边分别受到高句丽和百济的入侵，不能不发展与唐的关系，借此牵制两邻。前面第五章便记新罗曾在太宗朝请兵，而唐太宗则提出三个相对不利于新罗但有利于唐的条件，新罗使未有回复。不过新罗与唐对彼此间的关系或许没有共识，但在朝鲜半岛上的利益却显然没有冲突，甚至可说一致。新罗对两邻的投诉，为唐提供了进军的借口，而新罗的地理位置，无疑可以在唐对付主要目标高句丽时起战略上的作用。相信新罗必然理解到唐的兴趣未必可能和本身的外交目标完全一致，但唐的行动，特别是军事行动，却在间接上令新罗成为受益人。

在这形势下，只要一日百济和高句丽未灭，唐和新罗间的矛盾就不会成为大问题，两者当会继续保持接近。但百济和高句丽的灭亡，维系两方的共同利益亦共失去，不和亦随而出现。根据新罗方面的记载，新罗文武王九年（669年），即唐总章二年，高句丽灭后一年，唐曾向新罗求派磁石及制弩技工，看来是为了改良制造武器技术。新罗未知是否不愿意失去本身拥有先进武器的优势，甚至害怕唐会用来对付自己，迟迟始派出工人，而制弩工人到了唐后又因被疑未尽力传授技术而获罪。与此同时，两位新罗入唐使人中，一个又因本国攻取百济土地遗民，在次年初被扣留，可见两国关系开始不稳。同年，新罗更以兵力支持高句丽遗族安胜，封他为高句丽王。至十一年，即唐咸亨二年（671年）六月，终于爆发军事冲突。新罗军与唐兵在百济加林城相遇，唐损失5300人，另外有百济二将军和唐果毅六人被擒[276]。从唐方俘虏军阶比百济低一事看，与新罗作战的当是唐驻百济、以本地人为将领的屯军。

这年七月，薛仁贵以唐方行军总管名义致信新罗王，这封信相信是薛仁贵任鸡林道行军总管一役所发的，可见薛仁贵的任务是领海军跨海往百济旧地，与新罗作战。虽然隋唐海军在征辽事上多立大功，而同出身河东薛氏的薛万彻在贞观末年亦曾领水军往高句丽，颇有胜利，但从水路进军，是否受人欢迎，不无疑问。唐将多出自北方，习惯马上作战自是一个因素，但更重要的可能是海上行军危险性颇高，刘仁轨以至高宗朝破高句丽一役海军都有误期情形出现，是最好的说明。与此同时，纵然一旦成功越海，补给的问题亦不易解决。过去，还可以勉强说有百济的支援基地和新罗的补给，但目前这二者却出现了问题。所以，领兵讨伐新罗，很可能是一件少人愿为的任务。朝廷的办法，正如过去找受军法处置不久的刘仁轨去代替王文度一样，是把在大非川一败涂地的薛仁贵找出来，让他借此发奋图强。对薛仁贵来说，这个任务无疑是块鸡肋，食之无味，弃之可惜，但看来他亦别无选择，只好希望自己不会有王文度的下场，却可以像刘仁轨一样，扭转乾坤。

中国方面有关这次出兵的记载，除了薛仁贵的传记外一字不提，古朝鲜的资料亦有限，有关此役的不少情况，难以清楚，不得不依靠外国史料。据朝鲜史籍《三国史记》所记，前述的信，是通过琳润法师寄送新罗方面的。由于唐文化对于新罗以至当时东亚各国来说，都是属于先进文化，所以佛僧在这些国家，往往不单是宗教领袖，更常是文化、外交、甚至政治顾问和间谍[277]。例如百济的遗民运动，虽然以旧日王子扶余丰为首，但实际组织行动的，一个是旧将福信，另一个便是僧道琛。替薛仁贵送信的琳润没有再在其他记载出现，只从信末知道他是"王所部僧"，故此是新罗人，很可能是新罗派往唐求法，正在学习的僧人。薛仁贵把他找来当使节，似乎有意通过交涉解决问题。

薛仁贵自称大唐总管给新罗王的信相当长，他首先指出，新罗过去常受到百济和高句丽的侵扰，民不聊生，文武王的父亲因此向唐求救，并且得到唐太宗的优遇，太宗为了解救新罗的困苦，御驾亲征。时换世移，唐方面高宗登基，新罗亦由文武王继位，唐仍然维持过去方针，为了不令先君失信，不惜长时期做出牺牲。但当唐协助新罗达成目标，亦即破百济、灭高句丽后，文武王却一反过去政策，连年出兵，侵欺邻好。薛仁贵指责此种的行为，是"不忠……非孝"和"不知量也"。与此同时，薛仁贵又非议新罗与高句丽安胜联盟，以拒唐军。但唐不忍加兵。薛仁贵解释本身任务，是唐高宗不相信新罗会支援安胜，故派他"来观由委"。尽管他可以联合高侃和李谨行的大军，用武力威压以兵相迎的新罗，但薛仁贵表示愿意听取新罗屈申，并准备"亲承委寄，录状闻奏"[278]。

新罗王收信后，回了一封更长的信给薛仁贵，阐明新罗方面的立场。文武王首先指出，唐太宗与上代新罗王亦向金春秋做过承诺，在平定两国之后，"平壤已南，百济土地"，并归新罗。因此新罗在各战役中，均"粉身碎骨""肝脑涂原"地力斗。而灭百济之役的功劳，根本上是新罗的，因为"船兵才入江口，陆军已破大贼"。后来新罗更留兵7000协助防守百济旧地，而且在对付百济遗民事中，多番出力。后来虽然有国丧，仍然出兵运粮，资助唐军攻取高句丽，另外并且维持百济唐军的4年衣食。不过平定百济后，唐又强迫新罗与百济会盟。破高句丽之役，新罗亦应领功，因为攻平壤之役，先破大阵是新罗军，后来李勣又曾以新罗骁骑500人，先入城门，完成大业。但破城后新罗军却受李勣以延误军期的指责。总之，新罗为尽盟国之责，不但付出了重大代价，而且立了不少大功，但最后并没有得到应有的赏赐。新罗并无意反唐，薛仁贵信中的一切指责，均是误会：一方面是百济不遵盟约，偷取土地，新罗出兵，无非尽唐为臣之志，使新罗和百济"愿为一家"；未有通知唐，皆因使臣遭遇自然风浪。总之一切指责皆属冤枉，实际上百济是"贼残"，新罗是"殉汉"[279]。

　　这两封信可能是现存唐军事外交史上最长的两篇文献，究竟是否又或在多大程度上经过后人润笔自是一个问题。但从《三国史记》的整体可信性来看，这两篇文书的存真度应相当高。唐行军时有所谓行军管记，不过此封信纵然不是薛仁贵亲笔，也应该在很大的程度上反映了他个人的态度与立场。薛仁贵的信和所有的外交文书一样，由于要为本身代表一方保存面子，故此其中内容自然不无夸大失实地方。例如以唐太宗出兵高句丽是全为了新罗，便不全属事实。信中提及楼船，可知薛仁贵带领的是海军。另外所记的高侃、李谨行，早一年便曾因安胜事出动，高侃甚至可能是接替薛仁贵离任后所留下的空缺。当时高句丽遗民大概见唐西顾不暇，亦发动一个遗民运动，而高、李二人，便带着平定这个运动的任务和4万兵士出发。他们这一年仍未回国，可见任务自未完成。薛仁贵的信在语气上虽然软硬兼施，基调却是寻求和解。然而这个是否是朝廷的方针，不无疑问。因为新罗使人又如前述曾为唐朝廷强留，故唐实际已经放弃以外交途径而改用强硬手段去解决与新罗间的纷争。派薛仁贵出兵，目的在加强海上方面压力，迫使新罗就范的军事策略。但薛仁贵以免死之身初领水军，大非川之役的惊魂未消，而对方早有准备，硬仗难免，加上年纪渐老，故不欲再冒败仗之险。不过薛仁贵希望的不完全是求和，而是新罗低首认错，让他可以兵不血刃地凯旋。

薛仁贵成功的希望不难从回信中猜测到。和薛仁贵的信一样，新罗王的回复同样是极力为本身的立场辩护。在这个辩护的过程中，也揭露了不少中国史籍未载的事实。可以相信，其中有不少部分可信性颇高。例如唐军为了平定百济的遗民运动，曾得过新罗方面的援助。前记刘仁轨的传记中便有他向高宗上书，投诉百济守军"衣裳单露、不堪度冬"的情形。不过新罗的援助是大量或少量的可以成为一个不易找出结果的争议。而另一方面，信中部分内容却明显与事实不符。新罗王在信中表扬新罗在灭高句丽一役立下功劳实无可厚非，以李勣的脾气，新罗军队未能依军期，受到某程度的指责并不出奇。但亦应该指出，胜利后的新罗并非如信中所暗示的空手而归。唐高宗曾遣使宣慰领兵的金庾信，并赐金帛和授以诏书[280]，且战后新罗起码带了7000人作为俘虏回国[281]。单看文武王信,似乎新罗一无所得,显然不是事实。

另一方面,根据出自新罗本身记录的《三国史记》,文武十年(670年),即咸亨元年,新罗初攻百济,便取城82座。百济亡时,有城不过200座,故新罗所占百济的城数目,达总数三分之一强,绝不似文武王书中所谓割还旧地行为。何况文武王本身也承认,所谓动乱,首先出现于百济地方,故此,新罗的行为其实应该用侵略去描述。书中又谓新罗发兵讨伐叛唐高句丽人,事实亦是相反。这年2万新罗兵远道北上,至鸭绿江,接应高句丽遗民。八月,新罗更册封高句丽王族后人安胜为高句丽王。由此看来,文武王给薛仁贵书最后的解释,不能不说流于狡辩。因此,究竟信开始部分所提出,唐太宗与金春秋间是否真的有一个有关高句丽和百济灭亡后土地问题处置的默契,亦不能不成疑问。不能忘记的是,太宗本身在回应新罗请兵而提出的三个方案中,其中两个均涉及攻击百济,第二个是由新罗兵穿上唐兵军服,第三个则由唐出兵,不过事后要由唐派人管治新罗。这两个方案多少流露出太宗对新罗的军事以至政治都缺乏信心。金春秋虽然是位给人留下良佳印象的外交家,但实在很难想象,有占领百济土地念头的太宗,在与他见面后,会答应将百济以至高句丽的土地让给新罗。

把两封书对照来看,唐和新罗的不同利益更为突出。薛仁贵的信中虽然关注新罗对百济的出兵,但他提到高宗的关注时,把重心放在新罗对安胜的支持上。但另一方面，新罗的答辩，虽然提到高句丽事，但主要希望解释的，却是何以出军百济。这个分歧，可说由来已久。隋唐多次讨伐高句丽，虽然都没有国防上的紧迫需要，却有一种历史使命感的执着。而百济的归顺，只是征服高句丽过程中的一个环节。因此百济灭后，唐可以与新罗合兵联守。但高句丽亡后，安东都护府的驻军却纯是唐兵。在文治方面，百济原来的地方领袖可以继续负起管治任务，这或许就是遗民运动可以长期维持的原因之一。高句丽的官员却由唐派出的华人官员去代替，这个办法无疑等于削弱本地旧日官员的权力[282]。高宗在亡高句丽的战事中，一度指出高句丽人民即他的人民[283]。唐统治者对高句丽的执着心态，可见一斑。

　　百济没有和高句丽同样获得唐朝垂青，事实上，把百济遗民成功平定的刘仁愿在从朝鲜半岛回国时，便被朝臣指责故意将大军留在该地不还[284]，看来唐上层统治者没有意思将它收入版图。百济亡国后，仍然一直是新罗的死敌。事实上，唐需要一度攻取百济，但在遗民运动平定之前，唐已经遣回百济的皇族扶余隆，他父亲在入唐后不久即去世。扶余隆组织亲唐政权，白村江一役他便曾经参战，而后来更成为熊津都督[285]。故此，百济其实可说名亡实存，而唐亦设法安排百济和新罗订立盟约，并以和亲方式，相约和平共存[286]。对唐来说，这个可说是新罗与百济间纠纷的最好解决方式，特别是唐不必多动兵卒。这个并不是所谓以夷制夷的制略：首先，百济和新罗都不是令唐国防受威胁的国家；其次，前者经过连年战争，实力大减，军力能否比得上新罗，颇成问题。实际上，真的要以夷制夷的话，实在不需要立什么盟约。唐表面中立，实际上则支持亲唐政权，而且尚有少数唐军屯守百济。另一方面，新罗早有慢慢吸纳百济成为新罗部分的计划。百济亡后，新罗对"百济人员，量才并用"[287]。在平定遗民运动中，新罗同样给百济来降官员新罗官职[288]。不必怀疑，新罗对百济的土地，不无占领野心。所以正如文武王在信中所记的，难怪新罗在唐安排盟约要求两者"画界立封，永为疆界"时，再三推辞了。事实上，如果唐在百济有驻兵，新罗军队亦未全退出百济。在盟誓之前一年，在百济的新罗兵，曾北上攻破一座高句丽城[289]。盟约之事前后经三次始成功，也难怪文武王在信中抱怨，认为盟誓事"虽非所愿，不敢违敕"。由此可见，新罗最大的关心，当是百济问题而非高句丽问题。而文武王的信，亦长篇大论地解释新罗军队何以会在百济，对薛仁贵和高宗关心的高句丽安胜的问题，根本一字不提。

　　新罗的做法其实不难理解：新罗和唐的盟友式关系无非建立于两者希望百济和高句丽的灭亡上，现在既然目的达到，两者共同的目标不再存在。不管文武王信所提到，唐有意出兵新罗的传闻是否真实，新罗不能不防止唐的下一个扩张目标是自己。而支持高句丽遗民，其实不过以高句丽遗民为屏藩；事实上，新罗对唐的防范，早在高句丽未灭时已开始。在平壤城破的同一个月，新罗派使到了倭国[290]。倭国在5年前仍是新罗敌人，可见与唐关系决裂事，早在新罗预期中。而唐和新罗矛盾，基本上可说在有关如何对待百济和高句丽的遗民和领土的问题上。新罗对唐早存不满和不信，而习惯了胜利和预期它国跟随本身外交方针的唐中央政府，并不关心或了解小国的忧虑。唐和新罗这个矛盾，是长期积累而成的结果，不可能有如薛仁贵在信中所希望的，单凭外交途径可以解决。新罗愿意支持高句丽遗民军，多少已准备和唐军事对抗。薛仁贵以为新罗如果向唐赔罪，军事纷争或可暂时完结，只是一厢情愿的想法。实际上，紧张的局势如箭在弦，和平的梦想亦很快将成泡影。

按《三国史记》的记录，咸亨元年的九月，高侃等率蕃兵4万抵达平壤，"深沟高垒"，亦即作为基地，向南方的带方即百济旧地[291]进击。同月，薛仁贵以新罗宿卫学生金风训为向导，攻泉城，初胜后败，损兵1400人，兵船20艘，战马千匹。十月，唐漕船70余艘受袭，郎将钳耳大侯及百余士卒被擒，死者不计其数。十一月，新罗将施得领海军与薛仁贵于所夫里州伎伐浦战，唐军初胜，但经大小22战后，再次死亡4000余人。这些记录原来分见十一年、十五年和十六年，但由于薛仁贵十五、十六年应该不在新罗，故相信应是同年冬天的同一战役记录[292]。新罗显然因为长期与唐有军事合作关系，充分了解唐军弱点，他们以唐军运粮的漕船为主要攻击目标，无疑令唐军补给甚至士气都大受打击。新罗记录不提本身死伤数，故不易正确估计战情。但与唐军交战的是海军，而唐军受创的又是漕船，看来这支唐海军根本没有机会登陆发挥所长，亦间接说明了战事大概不会如目前记录所载，先后经过 5 年之久。总之，薛仁贵这一仗战败无疑。从死亡兵士数估计，他所率的军队，兵员或许有数万之多。但其中有多少是百济军队，难以估计。

值得注意的是，根据《三国史记》，次年（672 年）九月，形势有变，唐方显然又居上风。新罗首先退还过去虏获的唐军将领 5 人和军士 170 余人。5 名将领中包括上年被拘的钳耳大侯，还有司马弥军和司马法聪，起码有 3 名百济人[293]，另外 1 名的本烈州长史王益也，可能是百济人，肯定是唐人的则只有莱州司马王艺。与此同时，新罗又上表乞罪，措辞谦顺，承认"死有余刑"，"甘心受戮"，并且贡银 3.35 万分、铜 3.3 万分、针 400 枚、牛黄 120 分、金 120 分、40 升布 6 匹、30 升布 60 匹。这些贡物应该是一个相当大的数目，不过由于中国方面未载，记录系年是否准确，不无疑问。不能否定，新罗对唐态度曾一度剧烈改变，个中原因，除了新罗这一年本身"谷贵人饥"[294]的经济不景气因素外，唐朝的军事压力无疑是一个主要因素。不过新罗是否退出百济，不无疑问。

薛仁贵曾否在令新罗改变对唐方针的过程中担起什么角色，

史未明载。《三国史记》只记前一个月，高侃率兵 1 万、李谨行率兵 3 万攻新罗和高句丽的联军，起始唐军死伤数千，但后来联军败绩，新罗军更死了起码 7 名将领。由薛仁贵本传未提及此役来看，这次胜利的功臣，当属唐陆军多于薛仁贵所率的海军；两年后，刘仁轨又率兵再伐新罗，亦未见薛仁贵的参与。仪凤元年（676 年），唐朝徙熊津都督府于高句丽旧地的建安城[295]。薛仁贵讨新罗，虽然未必是唐朝对百济旧地的最后措施，但唐在百济的军事驻点，无疑是在薛仁贵兵败一役时丧失。

对于旁观者又或一个初出道的军人来说，胜负或许是兵家常事。但对于一位成名的将军，特别是这一年已经 59 岁的薛仁贵来说，他实在不能容许自己再度失败。讨伐新罗，本来是他可以东山再起的最后机会。他不是没有尽力，他试图通过交涉寻找合适的机会时，或许已经知道形势不利自己，他带同新罗的宿卫学生为向导，也许是吸取了在大非川不熟悉环境而受挫的教训。但他的对手却是比吐蕃更了解唐方军情，而且有备而战的新罗。他开始明白过去为什么唐海军不时有未能按照军期行军的情形，因为他们的指挥和自己一样，全无指挥海军甚至在水上作战的经验。他可以在 60 岁前重振雄风的希望，亦如随着他所率领海军中的漕船一样，在朝鲜半岛的西面海上，被击得粉碎下沉。

第十四章　外放象州

咸亨四年（673年），薛仁贵60岁。对旧日的国人来说，60岁是一个重要的年份，有新生的象征。究竟经过一个甲子的薛仁贵，这一年取得什么新的进展？

薛仁贵虽然在新罗再度军事失利，但或许《三国史记》所记不无夸大成分，也可能由于唐朝后来反败为胜，他并没有像上一次受到什么处罚。不过他的传记也没有提到他任什么职位，如果说他这时被朝廷投闲置散，相信与事实相去不远，亦不是意外之事。中国古代不是没有现代的退休制。《礼记·曲礼上》所谓"大夫七十而致事"，往往被视为一种退休的方针。就南北朝所见，虽然各政府在实际上并未完全建立起70岁退休的制度，有些官员因健康因素，请求提早退休，亦有虽年过 70 仍留任。但朝廷往往仍然鉴于年老官员经验丰富，不时就国事向他们咨询并加以赏赐[296]。唐初情形，似乎亦大致相同。例如李靖在贞观八年（634年）以后，以足疾上表乞骸骨，太宗下优诏，加授特进，禄赐、国官府佐并依旧给，当时他年64。贞观十七年请解太保职，仍任同中书门下的萧瑀则时年64[297]。但实际上，在太宗登位之后，朝廷颇希望在朝的官员保持一定的活力。贞观二年（628 年）九月一日的诏书，曾诏内外文武群官，年老致仕和去职者，再朝参时，班次要获得优先，在本品官以上。换言之，这些官人虽然不参与实际朝廷政务，仍然维持尊崇的地位[298]。这个做法，大概是希望一些没有大作为、又或有心无力的官员，早点从本身职位退出，让位给年轻一辈，使他们可以发挥所长。

太宗这个诏书在他新登位不久颁布，对一些在政治上非太宗系官员，特别那些接近李渊的旧人，相信可以起一定作用。不过到了显庆元年（660 年）四月，高宗又下诏，令"文武官人五品以上，老及病不因罪解者，并五品以上散官，以礼停任者，听同致仕例。"[299] 由于当时有所谓致仕例，亦即是说，官员退休当有一套法规。而朝廷所以下这个诏，显然是因为不愿意朝廷由老不中用的官人充斥，故希望鼓励他们提早退休。高宗朝初年的例子，比如曾任民部尚书但晚年只保有散官光禄大夫的唐俭，致仕时便年过70岁；高宗初年任冀、陕二州刺史的丘行恭，致仕时年纪亦在 70 岁前后。[300] 换言之，太宗朝利用保障退休官员的社会地位使政府机关年轻化的措施，到这时已经失去作用。

不过高宗所谓的致仕例，是否一定对年老的官员有很大的吸引力，亦不无疑问。《旧唐书》卷八十二记高宗时许敬宗致仕，"俸禄如旧"；卷九十三记睿宗时张仁愿年老致仕，全给禄俸，均可见。一般来说，官员退休后能享受的待遇，是比平日有所减少的。按照当时的情形，薛仁贵亦大可退休。因为他虽然继大非川之役后又再在新罗败战，但似乎未有获罪，仍然有资格光荣引退。但薛仁贵没有做出这个选择，一方面或与他的武人气质不轻言退有关，但另一方面，也可能是一旦致仕，日后的生活未足以令他满意未定。根据他的传记，他竟然在上元年间（674—676 年）犯罪而被流放象州。传记未提到具体的罪名，但如果参考《旧唐书》卷九十二魏元忠传记中所载的封事，亦即论政意见书，不难看出一个大概。

《魏元忠传》载封事，是在仪凤（676—678 年）中吐蕃犯塞后的上书[301]，但吐蕃于上元二年其实已经入侵[302]，上书事当在薛仁贵外放前后。封事内容除了批评薛仁贵未尽全力、弃甲丧师外，内中又有下面一段："仁贵自宣力海东，功无尺寸，坐无金帛，渎货无厌，今又不诛，纵恶更甚。"这里用海东而不用辽东，当是指对新罗而非灭高句丽一役，魏元忠在这里没有非难薛仁贵在新罗的败绩，似乎令人怀疑《三国史记》所记薛仁贵败战事或应与刘仁轨出兵事为同一事战役。不论如何，封事的这部分记录提供了线索，指出薛仁贵流放是因为他贪污。可以渎货必须有权力，亦即是说薛仁贵自从讨新罗回国后，可能曾恢复旧职或获委新官。

在过去近10年中，薛仁贵差不多连年征战，在战场上的时间比在京的时间尚要长。现在竟然被人发现贪污，而高宗亦不再念旧恩加以袒护，必然是相当严重的罪行。以他的经验和权力，一个可能是他在出征中收了新罗的礼物，再次演出另一幕出兵不力。但如果如是，魏元忠当做出具体的指责，所以看来薛仁贵所为，或许是在军队的人事或财物方面动主意。

应该指出的是，军人武将贪污，并不止于薛仁贵。魏元忠封事中对当时军中这种现象也有批评："今之将吏，率多贪暴，所务唯狗马，所求唯财物，无赵奢、吴起散金养士之风。"赵奢、吴起事迹分见《史记》卷八十一和六十五，后者记吴起为军队指挥，与最下级的士卒穿同样衣服，吃同样食物，又同情军人的病苦，勉强可以归纳为养士。但《赵奢传》则只记他在军中严格执行纪律，成为他战胜秦军的原因，但未见有散金行为。魏元忠或许用典未当，不过他所提出的指责并非虚构，军人贪财风气其实有迹可循。这一方面因为唐军在过去出征时常以虏人获物为赏赐，太宗征辽时便可见到此种情形。高宗朝外征更多，以致有将士即使在非战时亦乘机中饱私囊的事件。例如永徽二年，弓月道副总管高德逸受命买马，结果却首先挑选骏马自用，被有关方面发觉检举[303]。

当然，假公济私、以权谋私的风气绝不止于武将。魏元忠所论，不过是由于当时封事主题，是如何对抗吐蕃外侵，所以较针对军人。尽管只看高宗朝，皇亲、大臣以至地方官吏，均有不少贪污记录。例如高祖第二十子的李元祥曾长期出任地方官，但"多聚金宝，营求无厌，为人吏所患"[304]。麟德二年，另一位皇亲魏州刺史李孝协又被发现"赃货狼藉"，最后被赐自尽[305]。这两个同是皇亲任地方官的例子，一个受刑，另一个则逍遥法外，多少反映当时情形。朝廷中央亦不见得十分清明。高宗登位初，或有意打击贪官未定，所以当时华州刺史萧龄之在前任广州都督期所受地方势力赐赠的金银奴婢事，也拿到朝廷讨论[306]。再如武则天立后时有功的李义府得势后，一面为中书令，同时又兼御史大夫，也难怪他可以"卖官鬻狱"。因为执行法律是他，监督法律也是他。这种风气的蔓延程度，借用当时一位中级官员的话：儿子当官，若有人来告知他生活贫乏有问题，是好消息；但是如果说他生活无忧、衣马轻肥，则是坏消息[307]。这位官员可能出身山东大族，重视家法和礼教[308]。朝廷贪财之风的普遍，从中可略见一斑。这句话同时值得注意的，是不做贪官生活便不好过的现象，反映出官俸制度和退仕规则同样有一定的毛病。

不过这并不能成为薛仁贵可以值得谅解或同情的理由。他本来或许不是大地主，但作为一位成名的军将，20多年来的征战必定曾带给他不少从公或私得来的财物与战胜品。他不是一个刚出道需要靠受赃来维持生计的小官员。我们甚至怀疑，薛仁贵的贪财渎货，由来已久，不过大家都知道他受到高宗的青睐故未能加以制裁。但这次他在新罗失利，加上吐蕃问题令人大伤脑筋，高宗又给予朝臣一个上封事的机会，所以便出现了魏元忠这种或许过火，却流露了不少人心底看法的批评。换言之，薛仁贵被贬的实情，可能是他在失意战场之余，回到京都，眼见在功名方面发展机会不大，致仕又嫌略早，而且条件不佳，于是刻意追求私利。他参军本来便是为追求名利，加上军队里面贪污成风，或正合其所好，或身不由己，虽然长期带兵在外，仍不免染上贪暴陋习。现今长驻京中，又复原形毕露，甚或变本加厉，终于为法所劾，因而外放。

我们不能证明魏元忠的封事与薛仁贵的外流有直接关系，但我们可以猜测，魏元忠的封事上于上元三年八月，当时曾有诏文武官言事[309]，而同年十一月改元，所以魏传把事记作仪凤年间事。若果如是，或许薛仁贵起初虽被检举，但未定罪，而高宗在吐蕃再入侵，群情汹涌要追讨元凶时，不得不将薛仁贵外放。

薛仁贵虽然受到应得的惩罚，但遭遇并不算太差。他被流放的地点是象州，属岭南，在今桂林西南，贞观中有户1万多的地方[310]。值得注意的是，过去韦挺、柳奭均曾在左迁时外谪为象州刺史[311]。可见虽谓惩罚，仍可以保有官职。韦挺是唐太宗众多女婿之一，柳奭则是唐高宗的首任岳丈，二人均与唐室有姻亲关系，薛仁贵亦被外谪象州，未知是否与此有关。如果说薛仁贵是高宗的爱将，则他也步二人后尘外迁同职，亦不为奇。纵然他身为刺史，但由于北方人不习惯南方的瘴气，以为桂林以南，皆是瘴乡[312]，所以薛仁贵亦不会十分享受该处生活。他在该地留了多久不清楚，本传只知他在开耀元年（681年）前得赦而归。不过自仪凤改元至开耀元年间，高宗曾大赦5次[313]，薛仁贵何时再回京，难以肯定。但象州离京师近2500公里，一来一回，薛仁贵可说因自己的过错而多走了万里路。

第十五章　最后一战

如果说没有君主的提拔便没有薛仁贵，并不夸张。据他本传，薛仁贵在得赦后，由于高宗思念他的功劳，所以又在开耀元年召见他，并且对他说："过去我在九成宫遇到水害的时候，如果卿家不在，我会早变为鱼了。卿家北伐九姓、东击高句丽，漠北和辽东成为遵行中华教化的地方，都是因为得到卿家之力。卿家虽然有过失，我又怎可以因此而把你忘记？有人说你在乌海城下故意不尽力对付敌人，使得唐军失利，你令我觉得遗憾的，只有这一件事。目前西方边境不宁静，瓜州和沙州的道路不通，卿家怎可以高枕乡邑，而不为朕担任指挥呢？"所以把他起任为瓜州长史。

《新唐书》的传记把《旧唐书》中所记"西边"作"辽西"，

但如考虑到新罗与唐关系在仪凤三年仍未改善，则前者所记，未必全无所本[314]。从高宗的话看来，薛仁贵当时似乎已告老还乡，而这番话当是把薛仁贵从家乡请到朝廷召见时所说的。传记作者如何得到这份材料，是一个问题。假设实有其事，而记录又本自宫中记载，目前所见有否经过史传作者的润饰，亦同样值得怀疑。因为高宗纵然没有父亲太宗同样的暴躁脾气，而又假设他后悔把薛仁贵外放，有意再次起用，他实在没有必要说出没有忘记卿家一类的话。何况他给予薛仁贵的新职，不过是瓜州长史。瓜州即在今敦煌地方，唐初设有都督府，属下级。长史官位虽然只有从五品上[315]，是府中次于都督和别驾的第三把职位，不过往往却在军事上起颇大的作用。因这时瓜、沙州出现问题，所以担任长史的人可以说必会面临相当辛苦的任务。如果高宗真的如薛传记载说出该番话，一个可能是他需要一名将领到当地负起少人愿意担任的职位，故不惜好言善语的去找寻适当人选。

当时唐在瓜、沙州出了什么问题，史未明载，后来因以从吐蕃手中夺回四镇而知名的王方翼在仪凤年间前曾授沙州刺史，结果未有赴职，改任职同在河西的肃州，并且大事建筑防御工事[316]，相信是以备吐蕃。但薛仁贵曾否到西北，不无疑问。因为据他的传记，薛仁贵最后一职是右领军卫将军、检校代州都督[317]。代州即今代县，古又名雁门，有雁门关，是个边境特别在防御突厥上的军事重镇，唐初出任此职的，曾有张俭、薛万彻等名将。高宗朝以后，将领的素质与名气或许因突厥的威胁减少关系较前低下[318]，但突厥的边境入侵并没有完全停止，薛仁贵前一任的窦怀哲便曾在调露二年（680年）破突厥[319]。薛仁贵传记谓他在任时曾击突厥元珍等于云州，斩敌万余，并获驼马牛羊等3万余头。由于他在永淳二年二月去世，而传记说破突厥事在同年，看来这最后一战发生于当年一月左右。

《旧唐书》本传除了记薛仁贵打胜仗外，还指出突厥听闻薛仁贵东山复出的消息，纷纷逃散，不敢正面交锋。《新唐书》所记稍有不同，这个版本记两阵相对时，突厥询问谁是唐方主将，当听到是薛仁贵时，表示不信，因为传闻薛仁贵已在象州去世，不可能复活。薛仁贵于是把头盔除下，突厥相视之下，大惊失色，纷纷下马，围着薛仁贵作拜，然后逃去。薛仁贵亦毫不留情，出军进击，因而获得大胜。同样的记载，又见《唐会要》卷九十四和《太平广记》卷一九一，后者引自唐代笔记小说《谭宾录》。据《新唐书》卷五十九《艺文志》，《谭宾录》是文、武宗时人胡璩所著。薛仁贵以70高龄领军获胜或许无须怀疑，但其中过程却不无值得商榷的地方。其中最明显一点，自然是自从隋代崔君肃所带诏书往西突厥时，出现处罗可汗跪受场面后[320]，突厥对华人下拜事，除此以外似乎未见。因此《新唐书》及其他地方所载薛仁贵破突厥记录，可能经过人为的戏剧化，或染上传奇色彩，多少为配合传记前面所记三箭定天山而出现。记录形成期很可能是唐后半期。在薛仁贵的武人生涯中，除了出击九姓铁勒一役，从来没有与其他的突厥交手。因此不能不问，薛仁贵的对手是否与九姓有关？

问题的关键自然在元珍这人的身上。有人以为元珍与以突厥文书写的《暾欲谷纪功碑》为一人，暾欲谷是后突厥的著名政治家、军事家和文学家，生平亦有不少地方与元珍相合。但亦有人持异议[321]。不管如何，元珍曾入侍唐为质子[322]，《新唐书》卷二一五《突厥传》记他后来在单于都护府检校降户部落被囚，大概为突厥反时事。单于都护府是高宗初年唐破突厥车鼻所建，用来安置突厥中的阿史那族，后来又扩大编制，由于高宗认为当时的突厥可汗有若汉代的匈奴首单于，所以改名单于大都护府。调露元年（679年），单于大都护府突厥反唐，唐军先由萧嗣业镇压失败，最后由裴行俭领兵讨平。但一个部族长骨咄禄得以逃脱，后来便连同元珍，令突厥复兴。单于大都护府在扩大编制时又包括薛仁贵曾破的九姓铁勒所属的瀚海都护。但调露年所叛的突厥从24州的数字看来，主要是单于都护府初立的东突厥部族。而骨咄禄是唐初东突厥的可汗颉利族人，所领云中都督与单于都护府初建时同立，所以不是九姓。事实上他还对九姓的畜马进行抢掠。元珍姓阿史德，是突厥显赫的后族姓氏，也显然不是铁勒九姓。由此看来，薛仁贵遇到的突厥，不太可能如薛传中所记，不可能惧怕薛仁贵又或任何一位唐将。尽管他们知道薛仁贵其人，也不太可能知道他的相貌。薛仁贵的名字和相貌令他们见若神明，无疑是人工神话。

元珍本来并没和骨咄禄结党，他在单于府检校降户，无疑是在唐平乱之后的事。他的被派，或许是朝廷希望他可以因为在唐所受教育的影响建立起一个亲唐组织。不过单于府的长史王本立可能不明白朝廷的政策，没有信任他，反把他囚禁，引起他的反感。因此在骨咄禄入侵时借口做说客而逃亡，自此两人联手。《资治通鉴》卷二百二便把二人联合事，记在薛仁贵破元珍之前，以为二人先攻单于府北边，再攻并州，继而杀岚州刺史王德茂。不过有系年的两《唐书·本纪》记骨咄禄在永淳元年（682年）二次寇边，均无元珍名，可信度较高。亦即是说元珍很可能未参与二事，甚至未曾和骨咄禄联手。当然，不能否定二书所载没有残缺。事实上，同年除岚、并二州外，云州亦因被突厥所破而废州县，百姓因而移往朔州[323]，而云州正是薛仁贵破元珍的地方。

撇开记录上的疑点不论，单看传记，薛仁贵击元珍一事应该是为唐立下一功，特别是元珍与骨咄禄在永淳二年三月，即薛去世后一月即进袭单于都督府[324]。把二者连起来，薛仁贵的威望似乎曾对突厥起过阻吓作用。但要评价这一役，必得与当时的唐与突厥关系，即与形势结合来分析。高宗朝末年突厥叛，唐两度派人平乱，薛仁贵两次的行动均未有参加，而只在乱平后始出任边将，可见朝廷对他的军事才能已失信心。综合诸记录来看，事情发生经过大约如此：永淳元年，阿史那骨咄禄多次寇边，岚州刺史王德茂死，云州废，元珍请缨当说客，于是放还。薛仁贵在云州遇上元珍，元珍这时有众多兵士，究竟是检校所得，或早已叛唐，未能肯定。但薛仁贵可能经新罗一役的失败，不再愿意多用外交手腕解决问题，加上他希望立功以显示他的宝刀未老，于是将元珍痛击。元珍对唐的信心在被王本立囚禁时本已动摇，获准做说客后，稍为恢复。但经此一役，可说全部丧失，于是把心一横，决定联合骨咄禄反唐。元珍刚受惠于唐的羁縻怀柔政策，本来是唐分化对方的一着理想棋子。但薛仁贵近乎掠夺式的对待，不单破坏了前人苦心，更加深对方反感。元珍叛唐，成为后突厥帝国成功兴起的一大力量，部分原因，或正是薛仁贵所为种下的恶果。

永淳二年二月，薛仁贵以70高龄去世，虽然杜甫的《曲江诗》说"人生七十古来稀"，不过唐初不少著名武将均活过70岁。李靖79岁，李勣76岁，尉迟敬德74岁，苏定方76岁，刘仁轨甚至活到84岁。现代人或可以用武人较多运动来解释。不过再看文人，能活到古稀之年者亦不乏人。名相房玄龄是70岁，以书法知名后世的虞世南81岁，致力史学的令狐德芬84岁，而在立武后事上有功的许敬宗亦以81岁告终，可见当时社会上层的统治阶层相当长寿。如果要找理由，生活好、营养足、照顾佳，不论文武，都有不少长寿的主要原因。不过薛仁贵是病死，而非自然的老死。

《旧唐书·本纪》记薛仁贵去世时的官职是左领军卫大将军，但同书的《薛仁贵传》中未记他升职，而且死后只得赠左骁卫将军。不过《新唐书》的记录则作同大将军，并有幽州都督。参考其余人的资料，当以较详细的后者为准。苏定方和裴行俭死后亦获赠幽州都督，可见薛仁贵在朝廷或君主心目中地位，纵然比不上死后获赠扬州大都督的李勣和并州大都督的刘仁轨，但仍可算得到一流待遇[325]。薛仁贵的丧事亦由官府安排，不但提供灵舆，并使人递送回乡。值得注意的是，高宗朝以后虽然不是没有大臣陪葬君主陵墓，如曾任左卫大将的张俭在龙朔三年卒官后，陪葬昭陵[326]，而显庆三年卒官的许敬宗，同样陪葬昭陵[327]。陪葬乾陵的大臣数目因此远比前代为少[328]，原因不太清楚。当时的风气，大概流行如所见薛仁贵情形一样，把灵舆再运回家乡安葬。因为除薛仁贵外，早一年去世、获赠荆州大都督的郝处俊，亦有同样情形。从传记看来，后者应是安州地方大族，与薛仁贵出身河东大族不无类似之处[329]。但回乡归葬与乾陵陪葬二者的因果关系，目前难说清楚。不过，按后代的《丧葬令》，功臣密戚，可以请陪陵葬。而坟墓高度等亦有编制规定[330]。故此，如果说在高宗日渐奢侈风气之下，不少大臣，特别出身地方的，为了可以多显威风，选择回葬家乡，亦不为奇。总之，一代猛将薛仁贵，从此长埋黄土。

第十六章　子孙继业

有关薛仁贵家庭事我们所知不多。继《薛仁贵征东》受欢迎后，民间小说中又出现《薛丁山征西》《薛刚反唐》等一系列薛家将小说。薛丁山和薛刚都纯是后代虚构人物，不过历史上薛仁贵的后代，的确多任武将。其中最有名的是薛讷。他出生于贞观二十二年，正是薛仁贵到中央当宫廷宿卫的时候。和他父亲一样，传记对他前半生的记载亦十分粗疏简略。《新唐书》卷一百一十一的本传记他开始当的首任官是城门郎，这官属于门下省，专门负责京城、皇城宫殿诸门开关，近乎一种保安人员，官位从六品上。唐人出身要即任从六品的职事官，必须先有同等的官阶。未当官者要得到官阶，有各种方法。通过读书考试，尽管得到上上第的秀才亦不过正八品上，而可以拿到秀才的人少之又少。不过这比以孝义得到嘉奖的从九品上稍胜一筹。如果利用家庭背景的资荫法，即是靠父祖当官或当皇亲国戚，则一品子可得七品上官，皇亲最高更可能得六品上官[331]。薛讷既不是皇亲，即使父亲是一品官也当不上城门郎，所以《新唐书》所载或有误。

不管如何，《新唐书》传和《旧唐书》卷九十三以后的记录大致相同。薛讷曾经一度当上蓝田县令，由于是京畿辖下的地方县级，官位是正六品上，可见升了职。他在任中曾与武周朝中有名的酷吏来俊臣冲突，当时来俊臣贪污，身为御史中丞的执法职任，理应公正处事，却被富商倪氏收买，在一宗钱债案中，判决以义仓的积粮给倪氏去还债。薛讷认为义仓的本意是为了防止水旱的储蓄，不能容许作为私用，因此抗命，事情最后因为来俊臣得罪而没有实施。这事大约发生在长寿二年（693年）前[332]。当时来俊臣的手段苛毒，故薛讷所为不能不说冒了相当大的危险。这种非战场上的勇气，或有多少是薛仁贵的遗传未定。

唐高宗去世后，武则天以母后身份临朝听政，因为经济和其他因素，外征大减。发生义仓事件时，薛讷已年过40岁，父亲亦去世近10年，似乎未有出征经验，看来将以文职度其余生。事实上，当时社会经过半世纪的统一局面，风气和唐初略有不同。高句丽入降的泉献诚，即泉男生的儿子，在武后一次朝廷举行射箭表演的时候便曾指出，当时善射的都不是华人而是蕃将，他甚至主张射箭表演不应该举行[333],可见习武之风渐衰,懂得军事的朝臣相信亦愈来愈少。实在怀疑,在京城长大的薛讷,能否像父亲当年在龙门有射雁练武的机会。朝廷中武将素质下降,无疑是在万岁通天年(696年)开始的契丹之乱中损失不菲的远因。带有讽刺意味的是,正是因为唐军失败,薛讷始有机会步其父后尘。当时形势非常不利武周对高句丽旧地的统治,令武后多年的怀柔政策受到严重挑战。为了挽救危局,于是在圣历元年(698年)左右,起用薛讷为左武威卫将军、安东道经略(大使)。大概由于东北地方被契丹和突厥势力所据,不得不通过海路。从过去经验可知,这是一件吃力不讨好的任务。相信没有行军经验的薛讷亦未有特别出色表现。后来狄仁杰主张废安东、罢薛讷的一个原因,便是因为"风波飘荡,没溺至多"[334]。虽然如此,武后起用薛讷的原因,部分或因为早在十多年前,魏元忠在他的封事中便批评过的习惯:"当今朝廷用人,类取将门子弟。"[335]也因为薛仁贵在辽东可能仍有一定声名,所以武后希望他的后人可以借着这种别人欠缺的条件,做出一番事业。

薛讷或许没有成功地完成任务,但从此却长期领军,专责东北事务。长安二年(702年),他以右羽卫将军和安东道安抚大使魏元忠副将身份出征[336]。从安东的名字看来,目标似是高句丽旧地或契丹和其他边境民族,不过事情本末不明。到了景云元年(710年)十月,他再从幽州镇守经略节度大使职被委为左武卫大将军兼幽州都督[337]。按本传，或许又兼任安东都护未定。同年十二月，奚、霫犯塞，掠渔阳、雍奴，出卢龙塞。他曾领兵追击，但未有战果[338]。有记录谓他镇幽州20余载，"边人怀之，未尝深入，虏亦不敢犯"，显然是不实之词或史有误载，两年后他被调为并州大都督府长史、和戎军大使，亦应不是由于《资治通鉴》所记因为朝廷上的人事关系。因为他在幽州时间，从开始往安东起算，也不过顶多14年[339]。至于他本传所谓累有战功，亦未能见到有力的证据。但能够稳守边镇，在当时环境来说或是一件不容易的事。后来为幽州都督的孙佺，上任4个月后便在一次征讨中近乎全军覆没。而从战中契丹首领的说话，亦可知当时的和平，有相当大程度上是因和亲的效用[340]。

孙佺之败，无形中在一定程度上反映了薛讷过去策略的正确。同年十一月，奚、契丹又入寇，新任的幽州都督宋璟虽然闭城不出，城外仍然不免受到掳掠。新登基的皇帝玄宗于是有巡边打算，而薛讷则与宋璟和郭元振三人，屡为领军将领。次年玄宗行讲武军礼时，发现郭元振军容不整，薛讷一军则进退合宜，对他印象深刻。所以开元二年（714年），玄宗有意解决奚、契丹问题，复置营州时，薛讷被选为领军将领，并非完全是意外。不过紫微黄三品的加官，并未使薛讷的军事能力因而提高。这年六月，薛讷竟然重复了孙佺在大暑天时出兵错误，在天时地利不和的情形下损失了数万兵士[341]，而薛讷却把责任全推到副将等八人身上，结果除了一位外，其余全部被斩,但薛讷本身不过削除了本身所有官爵。事件与其父薛仁贵在大非川一役不无类似的地方。薛讷能够面对酷吏来俊臣,却不愿意面对战败责任,多少反映了军法的严峻。但也使人怀疑他的失败,实在因为玄宗本身未有听从其他朝臣反对,一意孤行,不能不负责任,所以未有重责薛讷,只使他成为唐在位期最短的宰相之一,而让下面的军将作为代罪者。

薛讷所得到君主的过分信赖,亦可见于他很快被委任为另一次指挥官的事。开元二年八月,由于吐蕃入侵,他又领军出战。讽刺的是,他的父亲一生英名,因大非川一役而变得一败涂地,薛讷这一年61岁,比当年父亲初次败绩时稍为大一点,却因为破吐蕃而挽回刚失去的声名。这一次的战场是渭州西界的武阶驿,反映了半世纪的吐蕃势力的扩张至是受到重挫。唐军的收获不少:斩首10070级,马7万多匹,牛羊4000头[342]。不过这次最大的功劳似乎不是薛讷,而是奋战而死的王海宾。史载当时"诸将嫉其功,按兵不救"[343],敌人退军,大家才随后进击。薛仁贵在大非川一役没法统领郭待封,薛讷似乎和他父亲一样,管理能力亦不足,不过运气却比较好。玄宗本有意亲征,因为这次胜利,可以暂时松一口气。薛讷亦因此重新得左羽林军大将军,又封平阳郡公,儿子薛畅也得了个散官朝散大夫。

开元三年(715年)四月,薛讷又得到新职。当时突厥部三姓葛逻禄来附,他被任为凉州镇军大总管,节度赤水、建庆、河源及缘边州军，屯于凉州[344]。同年十月，他又被任命为朔方道行军大总管[345]。这一年，依附突厥默啜的部落纷纷投降，不过玄宗仍相当慎重，这次任命薛讷的目的，当如《新唐书·突厥传》所记，意在"备边"。因为开元四年（716年）正月，玄宗才发出另一纸诏书，命薛讷和其他两支军队，各领兵2万人出战。后人名诏书为《与九姓共伐默啜制》[346]，因为军队中有部分是过去降唐九姓部落。不过从诏书内容再结合其他记录看来，当时似乎是批九姓受默啜侵掠，一些部族降唐，部分向唐遣兵，玄宗因而派薛讷去援救。但年初，九姓仍然大败于默啜，可见薛讷纵然出军亦未有大功。事实上，这年三月，薛讷以关内节度使身份请于夏州加兵二三千，似乎他仍采取过去在幽州的一套主守政策，不过建议未得当时任兵部尚书的姚崇赞成[347]。默啜在当年六月被属大武军唐将所杀，当与薛讷无关，因为该将是朔州大都督所辖[348]，薛讷最后一次军事活动，在同年十月，当时部分降唐突厥反叛，薛讷出兵追讨。不过领兵的似乎是大都督的长史王晙[349]，王晙在开元六年（718年）时为朔方道行军大总管[350]，很可能是代替了已退休的薛讷。两年后，薛讷辞世。他的谥号昭定，多少反映了他的性格。

薛讷虽然曾一度登上权力高峰，但一生中并无特别出色的战功。本传在两《唐书》中紧随其兄的薛楚玉，事迹更乏善可陈。目前只知他在开元中任幽州大都督府长史，因为不称职而去官。

看来他很可能和薛讷一样在武后或玄宗朝，以将门之后因为东北边政问题而得到起用。他出任官时间，当在开元二十年（732年）三月以后。之前或同时，他也曾任幽州节度使[351]。传记所谓不称职事，相信是指开元二十一年（733年）闰三月伐契丹大败事。当时他遣副将郭英杰、吴克勤、邬知义、罗守忠等，率精骑万人并领降奚之众追击契丹可突于。军至渝关都山之下，可突于领突厥兵以拒官军，奚众因而把持不定，散走保险，官军因此大败。但问题又是兵败的方式，诸将中邬知义、罗守忠率麾下遁归。但郭英杰、吴克勤则没于阵，其下6000余人尽为敌所杀，而薛楚玉职亦为其他人代替[352]。《旧唐书》卷一二四和《新唐书》卷一一一他后人的传记中，又记他曾为范阳、平卢节度使，不过未知时候。

《全唐文》卷三五二载有一篇由樊衡所写，题为《为幽州长史楚玉破契丹露布》的文章，但看情形应该不是为薛楚玉而是为他的后任所作[353]。这个错误当是清代人的不察，而不一定是唐人本身有意移花接木的结果。不过开元、天宝期的薛家可以说已经在朝廷中成为旧臣。薛仁贵的碑虽然由死于武则天周朝初年的苗神客执笔，但天宝二年（743年），未知是否因迁葬又或其他原因，又由仁贵玄孙左领军卫兵曹参军伯巍书，立于安邑，即今运城附近，亦属河东地区。

小说《薛丁山征西》中，薛仁贵的孙儿，也就是薛丁山的儿子薛刚,因为酒醉打死了张士贵的后人,发生了薛丁山一家被斩,薛刚反唐的事。在历史中,薛仁贵的第三代,也出现过真正反唐的人物,就是薛楚玉的两个儿子。其子薛嵩自小依靠着家庭背景,过着不愁衣食的生活,"有膂力,不知书"。安史之乱时,投向反政府一方,占据相州一带,不过后来仆固怀恩勤王时,闻得史思明的儿子史朝义兵败,于是在仆固怀恩所领的政府军抵达时,惶惑迎拜。而有意扩充自己势力的仆固怀恩亦让他保留原来职位,并且奏为检校刑部尚书,同时并任相州刺史,成为相、卫、洛、邢等州节度观察使。若从至德年间(756—758年)算起,他在相州先后约十多年,期间略有政绩。笔记小说中提到他喜欢蹴鞠,即现代的马球类的运动,曾经有人表示此运动一则损人,二则损马,不应提倡。薛嵩虽然同意,不过由于属于军训的一部分,所以并未能废除[354]。可见薛仁贵的武术和马技,可能用另一种形式为儿孙所保留。薛嵩一度更曾得到检校右仆射的官职,不过这职在唐初虽是权位最高的宰相,安史之乱后声望却远不及过去,尽管如是,仍然多少见到薛氏的影响力。而他虽然未反政府,但与李宝臣有婚姻上的关系[355]。小说史料又记他去世时归葬绛州,在管内县城南设祭,每半里一祭,至漳河十多公里,各祭互相竞为新奇,而在柩车过后则全部作废[356]。从中可见薛氏的财力以及在地方势力一斑。薛氏势力本来有可能发展成为一大藩镇,但薛嵩去世后,由于薛岑继业,未能控制下属,最后投向朝廷。所占据的相州、卫州和洛州，亦分别由薛氏族人分任刺史，另外同地区的邢州，似乎也是薛氏势力[357]。

薛嵩虽有反唐记录，但传记附于其后的儿子薛平，却是当时唐朝难得一见的忠臣。薛嵩死时他只有12岁，果断地决定不继任父职，改留给叔父接任。他在中央当官30年，后来出任滑州刺史，即今滑县地方，访查古河道，减免水患。他的做法不是强占民田，而是用其他田地交换的方式把它们买下。可能仍是由于先祖的缘故，他又被委为平卢军节度、观察等使，掌淄、青、齐、登、莱五州兵，又同时肩负新罗、渤海两蕃使职任。他的先祖薛仁贵虽然曾经败绩新罗，但薛平在长庆元年（821年）曾上奏朝廷，请严禁海贼掠新罗人口，到唐贩卖为奴婢，建议为朝廷接纳[358]。可见他的仁政无分中外。他对唐的忠诚有别先祖的表现，无过于同年他受命去救棣州，部下兵变一役。他的应变方法不是不理或推卸责任，而是将府库和家财所有，募2000精兵，以奇兵方式组织反攻，取得胜利，多少有薛家将之风。史载他在镇6年，兵甲犀利，井赋均一，入朝时甚至带了绢万匹。由于他后来获拜检校左仆射，兼户部尚书，多少令人错觉他的新职位与他所献的财物有关，一些人因此替他不值[359]。他的作风，也传给了儿子薛从。《新唐书》卷一一一的传记载薛从任汾州刺史时，曾建堤以灌溉公田，造福居民。后来转任汉州，又储粮防灾，得到朝廷表扬，去世时的官职是左领军卫上将军。不过随着皇权不振，中央势力日衰，地方军将掌权，成为中央士族的薛氏一家[360]，亦难以发挥其家传本领，以后的子孙再没有值得多提的。

　　由此可见，民间小说中的薛家将只写三代人物，而止于唐中宗朝，实际上由薛仁贵开始算起，真正的薛家将起码有四代甚至五代，在朝廷上或占有高位，或享有盛名。他们虽然在一定程度上保有传统的薛家武学，但时代的需要以及薛氏本身的官人化，使他们中愈来愈多负起文官的职任。唐代后期虽然武将常以藩镇将军方式抬头，但薛氏一族并没有紧随这种时代大势，而最后亦隐没于潮流之中。

第十七章　尾声

中国正史中，武将传记的原型，当首推司马迁《史记》中以李广为主角的《李将军列传》，两《唐书》薛仁贵传记中所见到传主超乎常人的箭术，使外族见之则避的声威，也不无太史公笔下李广的影子。欧阳修虽然在《集古录跋尾》怀疑传中"三箭定天山"记事的可靠性，疑为后人所增，他又在本身编修的《新唐书》的薛传中收入薛仁贵在伐铁勒后枉法被劾事，似乎比较客观，可惜同传末加进薛仁贵神威令敌军不战而屈，传奇味道极浓的记录，使薛仁贵更添上英雄偶像的色彩。甚至现代学人的论文，也脱离不了这种限制[361]。

可惜薛仁贵并不是李广，他的传记底本作者虽然在不少地方试图文过饰非，但并未能完全掩盖他的一些劣绩。唐初欠缺直笔史德的史官，当以许敬宗为首，但许敬宗早于薛仁贵去世，故为薛传多加虚美之词者必另有其人，要确切指出执笔者或许不易。然而可以见到，唐初史馆仍然存留不良之风。不过薛仁贵的传记在提高传主地位上的手法又似乎与前人有未尽相同的地方：一点是前述略带传奇色彩的渲染，这未必是史官所为，却反映了唐代部分人物逐渐神格化的趋势[362]；另一点过去未见的，则是传中一而再地利用君主的说话来表现出传主的杰出成就，这相信是史家的手法，也间接反映了唐代君主专制的权威性。

薛仁贵本身的经历，同样说明了唐代君主的无上和绝对权威。他在战场上的勇猛不容怀疑，但若没有君主的提拔，薛仁贵或许只可以循步渐进，而没有后来的显赫。另一方面，通过他的经历也可看出唐初君主的一些个人特色。薛传谓唐太宗在征辽后擢升薛仁贵，是因军将日渐老化及去世，这个说法符合当时的实际情况，不似史官夸大之言。若然，则薛仁贵的升迁，除了成为李世民有识人慧眼的例子外，同时也显示出唐太宗本身念念不忘安边拓境的心态。再一方面，唐高宗李治由于本身年轻时未有如父亲一样出入沙场，缺乏军事经验，没有一套自己的见解，往往只能靠实绩和表现，作为战时的用人基本政策，所以有任命刚凯旋的军将再去指挥外征军的倾向。苏定方先后击贺鲁、西突厥和百济，刘仁轨的伐新罗和守洮河，裴行俭三平后突厥，都是比较突出的例子。薛仁贵获委为讨吐蕃总帅，亦可视为这种命将方针的另一次见证。不过如果苏、裴的起用成功可以归于高宗，则薛仁贵两次领军的失败，君主亦不能完全卸责。论君主用人的著述多及文官，但在军事活动频繁的唐初，武官实也可成为衡量领导者才能的一个指标。

考察薛仁贵的事迹，也可以多少探窥到唐初的一些军事情形。唐代初年的军队能够屡立功勋，一方面自是领导有方，但同时与组织和士气亦有一定关系。府兵和募兵按需要的结合，可说是一个特色。不过不论兵种，都多少保存了南北朝国土分裂期军人以战为务的一些习惯和生活方式。当时由于战乱，钱币不行，交易往往得用布帛或其他物资[363]，故军人极重视战利品作为酬劳。隋唐统一中国，情况虽大为改善，但遗风尚存，军队劫掠之风仍然可见。薛仁贵出征铁勒被劾时所揭露的营私，以至日后引致他左迁的贪婪，不一定是他为功名参军的进一步发展，也可能是军队环境下的产物。他在高宗朝初请释突厥的表现，与他晚年大杀敌人的行为，更形成强烈对比。这是否仅应解释为薛仁贵个人因失意而以杀敌泄愤，又或是长年兵马生涯所带来的改变，不易断言。但他领军时所经历军中的腐败、将领的无能，纵然不是普遍现象，也是令唐朝军队士气以至素质日渐低落的原因。

唐代版图在唐高祖和太宗初年可称为统一期，而太宗中后期至高宗中期可称为扩张期，而以后至玄宗末年天宝时期的安史之乱可称为巩固期。李靖、李勣等在唐统一天下事业中建下功业的军人，是第一代的军将。没有参加建国事业的刘仁轨、薛仁贵和裴行俭等，均在唐领土拓展中立过殊勋，是第二代的军将。至于高宗末年至武后执政期长期在边境抗拒外侵的黑齿常之，又或玄宗朝活跃于东西两方国防线的张守珪等，则属第三代武将。在第二代中，乾陵陪葬者中只有在东北战线出过不少力的李谨行及高侃；后上元元年（760年）所配享武成王庙的高宗朝将领中，入选的则是苏定方和裴行俭[364]。这两个例子，似乎说明了薛仁贵未被唐朝人视为当代名将。虽然如此，但他在高宗朝地位仍不容轻视。在同朝将领中，薛仁贵戎马生涯的起落与唐王朝在对外军事上的盛衰，亦最为接近。他在贞观末年崛起的征辽之役，正是在唐帝国开始迅速扩张的年代。他击铁勒、定天山，也反映了唐在北亚和中亚的势力；略契丹、灭高句丽，同样见到唐于东北亚的政策。咸亨年间以后，薛仁贵一再败绩，而唐的对外影响亦多次受到挫折，特别是对吐蕃方面，自此长期成为唐的主要威胁。不仅如此，唐因为远征军的重重失利，开始发展长期屯驻边境的镇军，去代替过去的临时长征军，也为日后的军权外移以至节度使和藩镇出现留下伏线。换言之，从历史舞台上消失的，不仅是薛仁贵个人，也是旧日唐朝的对外政策。从这个角度上看，薛仁贵的经历实在是同时代军事外交史的一个写照。

参考书目及注释

1. 有关薛仁贵碑记资料，见欧阳修《集古录跋尾》卷六唐《薛仁贵碑》条引苗神客撰薛仁贵碑，收于严耕望编《石刻史料丛书》二编（台北，艺文印书馆 19）。另外《宝刻丛编》卷十（丛书集成初编本，上海，商务印书馆，1937）《唐代州都督薛仁贵碑》条又引《集古录目》，谓碑由仁贵玄孙左领军卫兵曹参军伯巖书，天宝二年立于安邑。据《旧唐书》38.1429 及 39.1469，安邑本属虞州，贞观十七年改属蒲州。而《新唐书》宰相世系表三下（73 下 .2993）无伯巖名，但楚玉有子名巖，从年数来计，天宝年间薛仁贵亦未有玄孙，故当为同一人。

2. 张说《张燕公集》（万有文库本，上海，商务印书馆，1937）16.170《赠凉州都督上柱国太原郡开国公郭君碑》。

3. 参《旧唐书》41.1690《太平环宇记》（台北，文海出版社，1972 影印本）78.502 等。

4. 河东薛氏历史,参毛汉光《晋隋之际河东地区与河东大族》第四部分:蜀薛之迁入(1986年12月第二届国际汉学会议宣读论文,未刊稿)。

5.《山西通志》(觉罗石麟等撰,清光绪十八年[1892年]刊本,台北华文书局股份有限公司,1969影印本)卷173陵墓万泉县记该地有河中绛隰使薛平墓,同书174.3342又记夏县有薛嵩碑,尚书礼部郎中程浩撰,与薛仁贵、楚玉同葬;另同60.1178同,但59.1161则收于万泉县古迹部分。

6. 参《魏晋南北朝隋唐史资料》(武汉大学历史系魏晋南北朝隋唐史研究室编,1985)所收鲁才全;《〈盖蕃墓志〉考释》,页38—39。

7. 如《山西历史人物传》,山西省地方志编纂委员会办公室,1984,页151;《山西名人传》,太原,山西人民出版社,1985,页219—222。

8. 参赵明诚《金石录校证》(上海,上海书画出版社,1985),卷二十四跋尾《唐薛收碑》,页438。新发现薛元超碑,参廖彩梁《乾陵稽古》,合肥,黄山书社,1986,页94。

9. 参陈光崇《欧阳修对两〈唐书〉的论证》,《唐史论丛》第二辑,西安,陕西人民出版社,1987,第六节。

10. 据《唐刘仁愿纪功碑》(朝鲜总督府编《朝鲜金石总览》上,亚细亚文化社,汉城,1976,页17),刘仁愿是雕阴大斌人。据《太平环宇记》(台北,文海出版社,影印本)38.311,雕阴在后汉是稽胡及赫连勃勃所居地。据《魏书》95.2056《屈子传》,赫连氏本姓铁弗,而同书95.2054则记"北人谓胡父鲜卑母"为铁弗。

11. 隋至唐初人口变动,可以《隋书》及《旧唐书》地理志所记旧领人口为比较。后者所记为贞观十三年数字,参拙著《〈旧唐书・地理志〉旧领县户口考》(《东方文化》14—2,1986)。

12.《旧唐书》55.2245。

13.《旧唐书》69.2516记薛万彻是敦煌迁雍州,但据其父《薛世雄传》《隋书》65.1533），薛氏亦本是河东汾阴人；另《稷山县志》（清光绪十一年[1885年]刊本，台北华文书局股份有限公司影印）卷 6 页 648、卷 7 页 815 亦记河东有薛万彻宅，前者谓村亦因其屡立重勋而名为重勋村，后者记该地曾有记薛氏家族官职名的石碣出土。另《山西通志》166.3183 谓万泉县有薛万彻祠，但建于宋朝，而同卷页 3205 又载河津县有薛万彻故宅及庙，未知是否属于一处。

14.《山西通志》28.564、60.1186、166.3205 等记河津县东 15 里有大黄村，乃薛仁贵故里。有白虎冈，接卧麟山，平冈屈曲，前临汾水。冈有土窟，相传仁贵与妻柳氏曾居，尚有床灶迹。又有红蓼滩，一名射雁滩，薛仁贵射雁于此。

15. 见《释氏稽古略》（大正大藏经第四十九）卷二页 810 中。

16.《旧唐书》46.1968，《新唐书》57.1426。

17. 参毛汉光《中国中古社会史论》（台北，联经出版事业公司，1988），326 页。

18.《北梦琐言》（北京，中华书局，1981 铅字版）4.28，又见《太平广记》卷二六一。

19. 赵超《由墓志看唐代的婚姻状况》，《中华文史论丛》，1987 年一期。

20. 参《唐语林校证》（北京，中华书局，1987），页 767—768。

21.《册府元龟》117.1400，《资治通鉴》197.6218 略同。

22.《资治通鉴》197.6218。

23.《括地志辑校》（北京，中华书局，1980），页 5。

24. 见《册府元龟》485.5802；宣义郎当是《旧唐书》42.1799 所记的宣议郎。

25. 见《杨炯集》（北京，中华书局，1980）2.21—22《从军行》。

26. 唐太宗召程名振与郑元璹事见《资治通鉴》197.6213，前者传见《旧唐书》卷 83，后者则见同书卷 62、《隋书》卷 38。

27. 参《文物》1978—3,《陕西礼泉唐张士贵墓》,另外,欧阳棐《集古录目》(五)上,陈思《宝刻丛编》(九)上,《京兆金石录》又曾引《赠荆州都督张士贵碑》。

28. 除墓志外,又参《旧唐书》2.29。

29.《册府元龟》985.11569。

30.《册府元龟》845.10029,同书358.4240。

31. 见《旧唐书》卷69《侯君集传》。

32.《册府元龟》117.1398。

33. 引自池田温《中国籍帐研究》(东京大学东洋文化研究所,1979),页374。

34.《册府元龟》157.1895。

35.《旧唐书》196上.5221等。

36.《旧唐书》198.5295。

37.《册府元龟》985.11569,《资治通鉴》196.6171。

38.《册府元龟》985.11568—9,《资治通鉴》195.6155。

39. 军数见《册府元龟》117.1398,《资治通鉴》197.6214略同。但《册府元龟》117.1405记水军数作7万,陆军10万。唐耕耦(《历史研究》1982—4《唐代前期的兵募》页164)引《旧唐书·本纪》贞观十八年十一月"发天下甲士,召募十万"记录,认为唐太宗统率的军队多数是募兵。但此句似是《册府元龟》等较详细原文的摘录,不应据之论断。另菊池英夫在《唐代兵募的性格和名称》(《史渊》67、68合辑,1957,页84)中亦有论及此段文字,以为江淮岭峡兵四万亦为招募所得,不从。但二篇有关兵募制度论述,可为参考。

40.《唐律疏义》(北京,中华书局,1983标点本)16,页302。

41.《唐六典》(日本近卫公府藏版,京都大学文学部,1935)19下—20上。

42.《山西通志》174.3335 张传记他陪葬昭陵,未知河东所见是否另一墓。

43. 参唐长孺《唐西州差兵文书跋》,《敦煌吐鲁番文书初探》,武汉大学出版社,1983,页 439—54;张国刚《关于唐代兵募制度的几个问题》,《南开学报》(哲社版),1988—1,页 40—42。

44.《大周故飞骑尉连府君墓志铭》,收于《襄垣县志》(台湾成文出版有限公司影印,1921 年王维新等编) 7.655 金石,同卷古迹又有张力卓按语;另外又可见《石刻史料丛科书新编三辑》(台北,新文丰出版公司,1978) 第三十一册页 147。

45. 有关明刀钱的中文论著,参梁嘉彬《从韩国明刀出土看东汉以前的中韩交通》,《中韩文化论集(一)》,中华文化出版事业委员会,1955。

46. 古代中国的天下秩序与其有关问题,可参高明士《从天下秩序看古代的中韩关系》,收于《中韩关系史论文集》,台北,韩国研究学会,1983。

47. 参岑仲勉《隋唐史》,上海,上海高等教育出版社,1957,页 69。

48.《隋书》67.1581。

49. 参《资治通鉴》182.5697—5705,其中不少记录不见于《隋书》,当出自日后非官方记录。

50.《隋书》51.1336。

51.《隋书》4.89、71.1647。

52.《旧唐书》67.2483。

53.《旧唐书》57.2291。

54.《旧唐书》58.2308—9。

55.《贞观政要》(上海,上海古籍出版社,1978)2.61。

56.《册府元龟》109.1302。

57.《旧唐书》198.5298;周伟洲《吐谷浑史》(银川,宁夏人民出版社,

1984）页86。

58. 张广达《唐灭高昌后的西州形势》,《东洋文化》68, 1988。

59.《新唐书》221.6233。

60.《册府元龟》104.1238,《贞观政要》1.3首段作十年, 1.11次段同。

61. 唐初与高句丽关系, 参《旧唐书》199上.5321。

62.《旧唐书》2.34,《唐大诏令集》(北京, 中华书局, 1960) 114.596。

63.《旧唐书》3.51—52。

64.《册府元龟》621.7476。

65.《资治通鉴》197.6203。

66.《隋书》61.1466记渡辽九军30.5万人, 及还至辽东城, 唯2700人, 但2000余人或应如同书4.82—3所记是"将帅奔还亡者"。另外同书卷六十五《王仁恭传》又记他在该役以一军破贼, 似乎未有大伤亡, 不过有大量隋兵流落在高句丽是不争事实。

67. 参《资治通鉴》196.6169—70;《册府元龟》657.7873、同142.1723。下面不再出他注的, 当出自《资治通鉴》同卷记录。

68.《旧唐书》199下, 5246,《贞观政要》9.262—3。

69.《资治通鉴》196.6181—82;《册府元龟》142.1723。

70. 参拙著《旧唐书旧领县户口考》,《东方文化》14—2, 1986。

71.《资治通鉴》197.6202。这个记录与前记《资治通鉴》记录均未见其他史籍, 但系关年是否准确, 不无疑问。另外又参《贞观政要》9.263。

72. 见《资治通鉴》197.6198; 又参《册府元龟》974.11442。

73.《三国史记》5.52。

74.《新唐书》220.6188;《册府元龟》991.11639。后者分最后一个方案为二。

75. 前者参《资治通鉴》197.6206, 另《册府元龟》991.11639记使人于十七年九月回国,不取。

　　76.《册府元龟》991.11640。

　　77.《旧唐书》185 上 4801;《册府元龟》661.7912。

　　78. 尉迟敬德参《旧唐书》68.2500;张亮参 69.2514—16;姜行本见同书 59.2334;李大亮见同书 62.2390。

　　79.《旧唐书》67.2480。

　　80. 参前引张士贵墓即是一例。

　　81.《山西通志》167.3204。

　　82.《旧唐书》69.2519—9;薛万淑事又参《册府元龟》426.5079。

　　83.《隋书》47.1269。

　　84.《资治通鉴》196.6176;《册府元龟》159.1920;《唐会要》39.708。

　　85.《册府元龟》117.1399。

　　86.《唐大诏令集》130.703。

　　87.《隋书》74.1701。

　　88. 陈寅恪《唐代政治史述论稿》(香港,中华书局,1974)页140。

　　89.《隋书》81.1816。

　　90. 左难当事迹,参《册府元龟》373.4440、695.8292。

　　91. 应接近实录的原文,见《册府元龟》117.1398,又参《新唐书》220.6198。

　　92.《执失思力传》见《新唐书》卷110。《契苾何力传》见同书同卷及《旧唐书》109。阿史那弥射事迹可参薛宗正《阿史那弥射生平析疑》,《民族研究》1985—1;吴玉贵《阿史那弥射考》,《民族研究》88—3。麴智盛事见《新唐书》221 上《吐谷浑传》。安县和事暂未见,但按《全唐文》435《唐维州刺史安侯神道碑》,碑主安附国曾以忠武将军之职参加贞观十九年征高句丽一役,故可信安氏必有相当人数参加该次战事。

93.《张俭传》见《旧唐书》83.2776。

94.《姜行本传》见《旧唐书》59.2334。《册府元龟》117.1398及《新唐书》145.6189均作姜德本，但据前者，官号是金城县公，而本传则作郡公，考当时麴智盛是金城郡公（参上注），故疑本传误，但传又载他征辽，故德本当作行本。

95.《旧唐书》68.2502，有关"山东豪杰"讨论，参陈寅恪《记隋末唐初所谓"山东豪杰"》，原刊《岭南学报》12卷1期，近收于《金明馆丛稿初编》，上海，上海古籍出版社，1980。

96.见唐耕耦《唐代前期的兵募》，《历史研究》1981—4。

97.参陈仲安《唐府兵隋身七事辨》，中国唐史学会编《中国唐史学会论文集》，（西安，三秦出版社，1989）。

98.参张国刚《关于唐代兵募制度的几个问题》，页44—47。

99.《资治通鉴》181.5664。

100.《册府元龟》511.6121；《旧唐书》77.2671。

101.《册府元龟》18.200。

102.《旧唐书》3.57。

103.《通典》132.689—93。

104.《唐会要》81.1491；《册府元龟》63.706有同记录，但作十九年九月，当误。

105.《旧唐书》70.2358、3.57。

106.《隋书》4.82、63.1498、43.1217。

107.《册府元龟》136.1644。

108.《册府元龟》396.4698。

109.《册府元龟》109.1304、148.1788。

110.《册府元龟》117.1401载到辽泽在庚辰，考该月无庚辰，当为庚午之误，即同月三日，到临辽顿日子，又见同书 26.286。

111.《唐会要》23.448。

112.《旧唐书》77.2679。

113.《隋书》61.1466。

114.《册府元龟》45.512。

115.《隋书》4.82、68.1598、64.1512。

116.《文馆词林》（适园丛书本），669.5 上—6 上。此诏题作《隋炀帝平辽东大赦诏》，实则上参《隋书·帝纪》，这时隋仍未取得辽东城，题内辽东泛指辽河之东。

117.《册府元龟》42.478。

118.《隋书》61.1466 记宇文述兵还辽东城，但从上文见，城在辽河西，不指高丽城。

119.《资治通鉴》182.5677。

120.《隋书》64.1514。

121. 参《中国古代度量衡图集》，北京，文物出版社，1984，图版 44—55。

122.《资治通鉴》197.6220；《册府元龟》117.1401。下文出于二处有关此役记录，均见二书同卷（《资治通鉴》又见下卷），不再另引。由于后者较接近原始记录，而后者多有文字修饰，故一般多先参后者。另外，又可参两《唐书·高丽传》。

123.《文馆词林》（适园丛书本），664.10 上—11 下。

124.《旧唐书》68.2500。

125.《新唐书》110.4119。

126.《旧唐书》69.2519，年份未记，但当因征辽功。薛仁贵后来在军中即拜果毅，薛万备亦应一样。不过《册府元龟》985.11573 又记他以同官职在贞观二十一年末出征,疑官职有误或欠载,因《新唐书》221 上 .6231、6235 均作行军长史。

127.《隋书》2.43、4.81、61.1466。

128.《旧唐书》199 上 .5327。

129. 这里记录,又参《破高丽赐酺诏》,《唐大诏令集》130.708。《贞观政要》9.261。

130.《旧唐书》199 上 .5320;《通典》157.829 下。

131. 目前《旧唐书》83 所见薛仁贵传记有关这一役记录,在文字上有多少应该校勘地方,如安地应作安市等,参《册府元龟》396.4699。

132.《册府元龟》425.5061—5062;《旧唐书》90.2909。

133.《唐大诏令集》130.708。

134.《新唐书》219.6178。

135. 参笔者《略论李唐起兵与突厥关系》,《食货月刊》复刊 16—11、12,1988。

136.《通典》40.227—228;《唐六典》5.10 下,同书 25.23 上。

137.《新唐书》50.1331;又参唐长孺《唐书兵志生育笺正卷三》(北京,中华书局,1962)页 84。

138.《旧唐书》60.2356。

139. 参王永兴编《隋唐五代经济史料汇编校注》第一编(北京,中华书局,1987),页 70—71;李季平《唐代奴婢制度》(上海,上海人民出版社,1986),第五章、第六章。

140.《旧唐书》60.2356;《册府元龟》134.1618—1619。

141.《资治通鉴》198.6230。

142.《册府元龟》117.1405 记陆军入辽数 10 万、海军 7 万,未知是否包括运输人员在内,隋时便曾"馈运者倍之"(《隋书》4.81)。

143.《册府元龟》80.925。

144.《资治通鉴》198.6231。

145. 诏书除见《册府元龟》117 外又见《唐大诏令集》130。

146. 诗见《文苑英华》170.821《春日望海》，又收《全唐诗》卷一；汉武帝典见《汉书》（标点本）6.206—207；秦始皇典见《史记》（标点本）6.244。

147.《旧唐书》3.58；《新唐书》2.44。

148.《册府元龟》80.925；《新唐书》2.45。

149.《册府元龟》985.11571；《新唐书》220.6194。下文有关贞观后期伐高句丽与其他对外关系记录亦参考二书同卷有关部分。

150.《册府元龟》995.11686、981.11640。

151. 陈寅恪《唐代政治史述论稿》中篇，页 57。

152.《旧唐书》69.2516。

153.《新唐书》2.44。

154.《旧唐书》69.2514。

155. 王吉林《从唐太宗的用人看贞观年间宰相制度的变动》（下），《世界华学季刊》五卷二期，台湾，1984，页 24—26。

156.《旧唐书》68.2500。

157. 有关当时各外邦入朝情形，参两《唐书·本纪》。

158. 当时社会上工商骑马成风情形，参《唐会要》31.572；《新唐书》3.66 所载政府在高宗朝禁工商骑马命令。

159.《册府元龟》257.3058；《资治通鉴》197.6195。

160.《册府元龟》27.296—297；《旧唐书》4.66。

161.《资治通鉴》197.6206。

162. 参《释氏稽古略》（大正藏第四十九卷）3.816a。

163. 参两《唐书·本纪》及《册府元龟》115.1377。

164.《旧唐书》3.62;《新唐书》3.51。

165.《资治通鉴》199.6258、6261—6262;《新唐书》220.6195。

166.《唐大诏令集》11.67。

167.《新唐书》3.52;《册府元龟》986.11575。

168. 参两《唐书·本纪》各有关年月条。

169.《唐太宗集》,陕西人民出版社,1986,页231。按,此四名原见南朝成书的《刘子》,卷八《阅武》集,《刘子集校》(上海古籍出版社,1985),页229。

170. 参《通典》77、《新唐书》16、《唐会要》26等有关大射礼部分。

171.《旧唐书》4.70—71。

172.《隋书》48.1285;《太平环宇记》30.256;《元和郡县图志》2.42。

173.《资治通鉴》196.6165;《册府元龟》113.1348。

174. 除苏传外,又参《资治通鉴》200.6298—6300、《唐会要》94.1694。

175.《唐会要》73.1314—1315。

176.《新唐书》215下.6061—6062、《旧唐书》194下.5186—5187、《册府元龟》986.11576并两《唐书·本纪》等。

177. 参陈国灿《唐乾陵石人及其衔名的研究》,《文物集刊》,1980。

178.《册府元龟》986.11577;《资治通鉴》200.6309。前者作郎将,后者有中字;另外《册府元龟》358.4242有同记录,但似出于《旧唐书·薛仁贵传》。二书薛传作显庆二年,但据其他史料包括《旧唐书·本纪》所载,当为三年。

179.《新唐书》220.6195;《资治通鉴》199.6286。

180. 参《旧唐书》199上及《新唐书》220各卷;但各传所记事并不全,此处按时间重新组合;战役比较完整记录见《册府元龟》986.11576;又见《新唐书》220.6195、《资治通鉴》199.6287—6288。两《唐书》程、苏二本传均失载。

181. 梁建方事散见各史籍，此处所述事分见《旧唐书》68.2497、4.69—70，《唐会要》26.502等。

182.《旧唐书》194下.5186、195.5197等。

183. 参陈连开《唐代辽东若干地名考释》，页119—120。

184.《旧唐书》200上.5269。

185.《册府元龟》358.4242记薛仁贵为左武威卫将军及封河东县男事在龙朔元年。

186. 参两《唐书·本纪》、《新唐书·高丽传》、《旧唐书》109.3293等。

187. 参片山章雄原著、章莹译《关于Toquz Oγuz与"九姓"的几个问题》，《西北史地》，1986年第三期，页113；原文见《史学杂志》90—12，1981年12月；说本出于羽田亨。

188.《唐会要》卷七十三安北都护府条等。

189.《册府元龟》986.11578；《资治通鉴》200.6322；《新唐书》3.60、217下.6140。

190. 郑仁泰墓志铭全文，可见《文史》第二十一辑，孙迟《郑仁泰墓志中的几个问题》。

191.《册府元龟》964.11340。

192. 参杨炯《唐右将军魏哲神道碑》（收《杨炯集》卷八；又收《全唐文》卷一九四）。

193. 参杨泓《中国古代兵器论丛》第一章第十一、十二节，又参《文物》1972年第7期《唐郑仁泰墓发掘简报》。

194.《册府元龟》986.11578；《资治通鉴》200.6326。

195.《新唐书》218.6154。

196.《旧唐书》54.2239、63.2405、67.2487。

197.《册府元龟》986.11578 等。《旧唐书》195.5197 作永徽六年,当为显庆六年。

198.参《旧唐书》109 及《新唐书》110 契苾何力本传。

199.参段连勤《隋唐时期的薛延陀》,西安,三秦出版社,1988,页78—81。

200.《新唐书》3.62;有关当时百济形势,参池内宏《满鲜史研究》上世第二册(东京,吉川弘文馆,1964)所收《百济灭亡后的动乱及唐、罗、日三国关系》。

201.《集古录跋尾》卷六薛仁贵碑条。

202.李益生平,参王梦鸥《唐诗人李益生平及其作品》,台北,艺文印书馆,1973;范之麟注《李益诗注》,上海,上海古籍出版社,1984。

203.转引自粟斯编著《唐诗故事续集》第一集,北京,中国国际广播出版社,1988,页 115。

204.见《册府元龟》445.5280、452.5360。

205.《册府元龟》520.6212,《新唐书·薛仁贵传》和《资治通鉴》200.6328 有节录。但后者将事归于龙朔二年三月,实无确据,不取。

206.《旧唐书》84.2793—2794。

207.《册府元龟》337.3984;《资治通鉴》201.6332。

208.《唐会要》73.1315;《新唐书》217 下 .6124。

209.《册府元龟》142.1723;《唐大诏令集》111.578。

210.《资治通鉴》200.6320;《三国史记》5.59、42.432。

211.参谷口哲也《唐代前半期的蕃将》,《史朋》9,1978,页 8。

212.《册府元龟》24.257;两《唐书·本纪》。下面见两书本纪的,不再另注。

213. 参《册府元龟》36.393、《旧唐书》23.884 等。

214. 参武田幸男《新罗"毗昙之乱"的一视角》,页 234—247。

215. 泉男生入唐经纬见《册府元龟》986.11579 和《新唐书》卷 110 传记。另外又有《泉男生墓志》,收《罗雪堂先生全集续编》第八册,台湾文华出版社,1969。

216. 唐出兵始末史料分见各处,主要见两《唐书》的《本纪》《高丽传》(旧 199 上、新 220)、《李勣传》(旧 67,新 93)、《契苾何力传》(旧 109、新 110)、《泉男生传》(新 110)、《资治通鉴》200、《册府元龟》986,下文不一一列引;详细考证和讨论可参池内宏《满鲜史研究》上世第二册,页 247—393。

217. 高侃传记参岑仲勉《唐史余沈》,上海,上海古籍出版社,1979,页 28—30;庞同善事见《旧唐书》57.2301,同 190 中.5027。

218. 有关此役地名的考证和讨论,基本上按谭其骧主编《中国历史地图集》释文汇编东北卷(北京,中央民族学院出版社,1988)中有关部分记载,下文没有特别需要,不再另引。

219.《旧唐书》67.2487。

220.《旧唐书》83.2780;《册府元龟》170.2052。

221.《三国史记》6.69,据《三国遗事》卷三改口为户。

222.《资治通鉴》以这事记在唐破新城后,当次序有误。

223.《册府元龟》134.1619。

224.《册府元龟》653.7847;《资治通鉴》201.6354 同。

225. 据杨炯《唐右将军魏哲神道碑》(收《杨炯集》卷八,又收《全唐文》卷一九四),魏哲于乾封二年检校安东都护,但于次年三月十六日去世。安东都护府何时成立史未明记,但魏哲早于薛仁贵任职应可信。

226. 有关唐亡百济后所遇反抗,除见两《唐书·东夷传》百济部分外,又可参池内宏注 216 引书中所收《百济灭亡后的动乱及唐、罗、日三国关系》。

227. 安西都护表见柳洪亮《安西都护府的初期的几任都护》,《新疆历史研究》1983 年 5 期。又见吴玉贵《唐代安西都护府史略》,《中亚学刊》2,页 124；乔师望两书无传，生平事参《旧唐书》199 下.5344、《新唐书》83.3644、《册府元龟》358.4241 等；郭孝恪、柴哲威传分见《旧唐书》卷 83 和 58。

228.《旧唐书》5.94、84.2795。

229. 同类治绩，可见刘仁轨在百济（《旧唐书》84.2792）、苏定方破贺鲁后在西域之记录（《册府元龟》97.4723、434.5157，《新唐书》215 下.6063）。据井上秀雄调查（《朝鲜学报》107，1983 所收《朝鲜城郭一览：江原道・全罗南北道・济州道编》，页 179），百济曾有一刘仁轨城，或反映刘仁轨可以肯定一面。

230. 各史记载人数有出入：《旧唐书》5.92 作 28,200；《通典》186.993 作 28,300；《资治通鉴》201.5359 作 38,300。唐移外族事，参伊濑仙太郎《周边诸民族的中国内徙》，收内陆亚细亚史学会编《内陆亚细亚史论集》（东京，国书刊行会，1979）页 31—47。

231.《三国史记》22.227。

232.《资治通鉴》201.6359，《册府元龟》549.6594、《唐会要》（台北，世界书局，1974 铅字版）27.517 作"高丽虽平，扶余尚梗"。

233.《三国史记》6.73、22.227，《新唐书》3.68、220.2197—2198；又参池内宏书（注 216 引）页 420—435。

234.《旧唐书》5.94。

235. 祠坛碑记载参清刘喜海《海东金石存考》（收台湾新文书局《石刻史料新编》三集第二十六本，页 19504）；薛礼庙及筑城等事见丛佩远《白袍先锋薛仁贵》（收于张博泉等编《东北历史名人传》古代卷上，吉林文史出版社，1986，页135）；传说又见张忠良《薛仁贵故事研究》（《台湾师范大学国文研究所集刊》27，1973，页937），引自《东三省古迹遗闻续编》。

236. 参严耕望《唐仆尚丞郎表》，台湾"中研院"历史语言研究所专刊之三十六，1956，页897—900。

237. 参胡小鹏《吐谷浑与唐、吐蕃的关系》，《西北史地》1985—4，页50—52；胡如雷《唐太宗》，北京，中华书局，1984，页200—201。

238. 《册府元龟》970.11400，似为五月事，又见《旧唐书》196上.5222。《新唐书》216上.6074。本章内容再见二处者，如无需要，不再另引。

239. 《资治通鉴》199.6251。

240. 《册府元龟》973.11433、995.11686；《资治通鉴》199.6257—6258。

241. 参森安孝夫《吐蕃的中亚进出》，《金泽大学文学部论集·史学科篇》4，1983，页5—6。

242. 王尧辑《敦煌古藏文历史文书》，青海民族学院印，1979年，页3。

243. 《旧唐书·本纪》以十一月为高宗命苏定方出兵百济事，但苏定方是时应未回京，当有错误。但考虑到路程不短，《新唐书·本纪》所记，是出兵的日子或捷报的日子亦不无保留。不过参出兵经过，苏定方曾一日一夜行300里，故亦非全无可能，参《册府元龟》420.5007、《新唐书》215下.6064和《旧唐书》83.2779苏定方本传。

244. 《册府元龟》170.2052。

245. 《旧唐书》198.5300。

246. 《资治通鉴》201.6351。

247. 《册府元龟》449.5324；《资治通鉴》201.6332。

248. 此处所谓四镇问题，各家有不同说法：近年总合诸家提出本身主张的，有吴玉章《唐代安西都护府史略》（《中亚学刊》2，1987，页87—

92）。近年虽有杨建新《唐代吐蕃在新疆地区的扩张》(《西北史地》1987年1期），以为吐蕃此时未占四镇，但说未见苟同。

249.《旧唐书》5.95，《新唐书》216上.6076；王忠《新唐书吐蕃传笺证》(科学出版社，1958）页39以及周伟洲《吐谷浑史》(宁夏人民出版社，1984）页105，皆跟随《资治通鉴》201.6363，以为十八州指安西四镇的羁縻州，这也是一般论者的说法。但若按所载较详细的《新唐书》文理看来，值得注意是"残十八州"，所谓残，无疑指前述十二州以外未占地方，司马光或有误。

250.《册府元龟》964.11341；周伟洲，前引书，页104。

251.《通典》190.1023。

252. 契苾何力出兵事，见《新唐书》3.67，《旧唐书》5.93，又见《册府元龟》119.1427，月不同。

253. 朝议记录见《册府元龟》991.11642，《新唐书·吐蕃传》与《资治通鉴》201.6363有简单记载。姜恪两《唐书》无传，背景见《旧唐书》77.2680，《新唐书》100.3942，又见《册府元龟》335.3956。

254. 参山口瑞凤《吐蕃王国成立史研究》，东京，岩波书店，1983，页692—694。

255.《册府元龟》964.11341，但同记录《资治通鉴》202.2366作二年。突厥与吐蕃关系，参薛宗正《唐、蕃对峙中的西突厥羁縻政权》，《新疆历史研究》1986—2，页10—11。

256. 参杨柳、骆详发《骆宾王评传》，北京，北京出版社，1987，页101—109、384—385。

257. 兵数《旧唐书·本纪》5.94及《新唐书》221上.6227《吐谷浑传》均作5万，两书《吐蕃传》(旧196上.5223、新216上.6076）则作十余万，《陈子昂传》中所载上书又分谓11万（旧190中.5022）及10万（新107.4073)，今不从记。另外蕃文资料亦记此役，但似是译自《新唐书·吐蕃传》，参《新红史》（拉萨，西藏人民出版社，1984）页158—159；山口瑞凤《吐蕃王国成立史研究》页732。

258. 郭待封事分见《旧唐书》83本传，同书4.79、84.2805。

259. 除《旧唐书》薛传外，《册府元龟》456.5406又记此事，略可作补。

260. 见朱凤玉《王梵志诗研究》下册（台北，台湾学生书局，1987）页199；又见张锡厚校辑《王梵志诗校辑》（北京，中华书局，1983）页149。此诗何时所作未知，但唐初讨吐蕃在贞观十二年，时间甚短（见新纪），故诗作似在高宗年间。而两书编者均认为王梵志为唐初人可能性最强。但若其他人托名之作，亦不易否定这是高宗朝的诗。

261. 又参《册府元龟》398.4727。

262. 王忠《新唐书吐蕃传笺证》（北京，科学出版社，1956）页40；周伟洲《吐谷浑传》（银川，宁夏人民出版社，1984）页105—106沿袭此说。

263. 参胡小鹏前引文，齐东方《吐鲁番阿斯塔二二五号墓出土的部分文书的研究兼论吐谷浑余部》（北京大学中国古史研究中心编《敦煌吐鲁番文献研究论集》第二辑，1983），页602—607。而吐谷浑尚有其他亲唐与亲吐蕃部落，参前引山口书，页695—700；王民信《吐谷浑余绪考》，《大陆杂志》16—17、页211—215、249—251、287。

264. 《新唐书》40.1041；《资治通鉴》201.6364所引注，又参《通典》190.1022。

265. 此次战经过分见各传，主要见《册府元龟》985.11566、《旧唐书》69.2509—2510。另外史料部分分析、考证可参严耕望《唐代交通图考》第二卷河陇碛西区（台湾"中研院"历史语言研究所，1985），页552—570及附第八图。

266. 《新红史》页23只载10万，另外古藏文资料或亦有载，笔者未见。王尧、陈践在《吐蕃兵制考略——军事部落联盟剖析》（《中国史研究》

1986年1期）以为吐蕃军数实际人数的主要证据，可说在汉文史料所记大非川一役，而实源出两书薛传，值得注意的是两《唐书·吐蕃传》均未记吐蕃军数。

267.《旧唐书》92.2940—50、《册府元龟》991.11645、《新唐书》122.4342略同。

268.《旧唐书》190中.5022；《新唐书》107.4073。

269.《新唐书》110.4116；《资治通鉴》201.6364。

270.《旧唐书·薛仁贵传》原作"自不击贼"，据《册府元龟》78.898改。乌海城地理问题参前引严耕望文。该条记录见《新唐书》101.3952《萧嗣业传》中高宗语："我不杀薛仁贵、郭待封，故使尔至此……"其意似是指萧亦有参与吐蕃之役，由于领军二人未受严刑，萧亦因得从轻发落，致日后有机会领军，但目前未有萧与此役其他记录。

271.《三国志》（标点本）28.780。

272.《册府元龟》449.5324。

273. 参唐长孺《唐代军事制度之演变》，《武汉大学社会科学季刊》9—1，1948。

274. 旧传无余字，新传有，今按《册府元龟》78.898补。

275.《旧唐书》199上.5336。另外曾用鸡林道大总管的刘仁轨（参《旧唐书》84.2795，也是伐新罗；《张燕公集》卷十六，国学基本丛书本；又《全唐文》卷228），又张说撰《唐故夏州都督太原王公神道碑》中记王方翼曾为持节鸡林道总管，两书传（旧185上、新111）欠载。

276. 参《三国史记》6.72—7.75。下文资料再出《三国史记》卷七者，如无需要，不再另引。

277. 参直木孝次郎《古代在朝鲜间谍的活跃》，收于《古代日本与朝鲜、中国》，讲谈社学术文库，1988。

278.《三国史记》7.75—77;《唐文拾遗》卷十六有取自韩古籍《东国通鉴》的节本。

279.《三国史记》7.76—82;《唐文拾遗》卷六十八有载,但只是出自《东国通鉴》的节录。

280.《三国史记》43.439。

281.《三国史记》6.71。

282.《旧唐书》199上.5327。

283.《资治通鉴》201.6355。

284.《资治通鉴》210.6338。

285.《旧唐书》84.2795、同199上.5332、《资治通鉴》201.6342等均记他于刘仁轨上表后始回国,但刘表上于十月,而按《三国史记》6.68,扶余隆在同年四月已回国。而他曾参与白村江之役(见《旧唐书》84.2791、《册府元龟》366.4353等),更是最好说明。另外,《资治通鉴》201.6340记刘仁轨曾为熊津都督,按《册府元龟》366.2792,当为刘仁愿之误,故没有扶余隆曾否同职问题。《资治通鉴》201.6332所引实录及《册府元龟》981.11525同记录当误。

286.《旧唐书》199上.5333—5334、《册府元龟》981.11525。

287.《三国史记》5.62。

288.《三国史记》6.66。

289.《三国史记》6.68。

290.按《日本书纪》下27.371(东京,岩波书店,日本古典文学大系68,1965),668年九月二十六日新罗使至倭国,据《三国史记》6.17,平壤破于同月二十一日。

291.参《旧唐书》84.2792,刘仁轨封为带方州刺史例。

292.九月部分见文武十五年,十月部分见同十一年,十一月部分见同十六年。参池内宏《满鲜氏研究》页460—462所说；又可参古彻《八世纪初的新罗、唐关系》，收东京《朝鲜学报》107，1982，页9及页63。泉城或是白水城的误记，地点不明。伎浦据《三国史记》20.277注即白江，是百济要路。

293. 井上秀雄译注《三国史记》（东京，平凡社，1980）页228及页246注62，将本烈州解为旧任烈州长史王益，又以王益为唐人。但唐无烈州，本烈州很可能是百济三七郡中的一郡未定，后改为州。而百济有王姓事早见，参井上光贞《王仁的后裔及其佛教》，收《日本古代思想史研究》，东京，岩波书店，1982。

294.《三国史记》7.82—83，此事中国史籍失载，但新罗这数年记录颇乱，亦可能是中国史籍所记后来兵败刘仁轨一役结果。参《新唐书》220.6204、《唐会要》95.1711。

295.《资治通鉴》202.6378—6379，《册府元龟》991.11642—11643。J. C. Jamieson 以为这是中国史传饰过的一种方法，见詹氏 Unpublished PhD Thesis, *The Samguk Sagi and the Unification Wars*, University of California, Berkeley, 1969, pp.70—76。除薛氏外，他又举出其他五人为例。

296. 参朱大渭《两晋南北朝官员致仕刍议》，《中国史研究》，1987年1期。

297.《旧唐书》67.2480；同63.2402。

298.《唐大诏令集》100.505；《唐会要》67.1173。

299.《唐会要》67.1173，《册府元龟》60.671；前者无例字，按后者补。

300.《旧唐书》58.2307；同59.2326。

301.《旧唐书》92.2945。

302. 据《元和郡县志》（北京，中华书局，1983标点本）39.997，《新唐书》216上.6076。

303.《册府元龟》57.642。

304.《旧唐书》64.2435。

305.《册府元龟》58.654;《旧唐书》60.2345。

306.《唐会要》39.709。

307.《旧唐书》82.2767。

308.《旧唐书》91.2934。

309.《册府元龟》144.1749。

310. 韦挺事见《旧唐书》77.2671等;柳奭《旧唐书》77.2682等作爱州,《资治通鉴》200.6304作象州,今从郁贤皓说(《唐刺史考》,江苏古籍出版社,1987,页2849)。

311.《旧唐书》41.1734。

312.《封海虞衡志》,广西民族出版社,1984,页31。

313.《册府元龟》84.994。

314. 岑仲勉以为"辽西不宁,与瓜沙路绝无关",见岑氏《突厥集史》(北京,中华书局,1958),页303,但岑氏或忘记薛在高句丽事迹。高宗朝末年唐与新罗关系,参拙著《武则天与朝鲜半岛政局》(收于林天蔚、黄约瑟编《古代中韩日关系研究》,香港大学亚洲研究中心,1987),页16。

315.《旧唐书》40.1642、44.1917。

316. 据《张燕公集》卷十六(《全唐文》228,张说《唐故夏州都督太原王公神道碑》)。

317. 按《宝刻丛编》卷十所引《集古录目》,薛仁贵官至明威将军、代州都督。明威将军是从四品下的武散官(《旧唐书》42.1794),但从文字看来,薛仁贵任期当在晚年,但日期不能确定。以唐一般习惯来说,似不会与代州都督同任。

318. 参郁贤皓《唐刺史考》,南京,江苏古籍出版社,1987,页1158—1159。

319.《册府元龟》358.4243。

320.《隋书》84.1877。

321. 参护雅夫《阿史德元德与Tonyuquq》,《山本博士还历记念·东洋史论丛》,东京,山川出版社,1972,页457—468;岑仲勉《突厥集史》,页865—866,有不同意见。

322.《新唐书》112.4170。

323.《旧唐书》39.1487。

324.《旧唐书》5.110。

325. 死后赠官,除参各人本传外,又见《唐会要》79;其中赠幽州都督其他大都督的,不在此记。

326.《旧唐书》83.2776。

327.《旧唐书》82.2764。

328. 参《唐会要》21.412—414。

329.《旧唐书》84.2797、2800。

330. 参《唐六典》14 诸陵署令、《唐会要》21 陪陵名位及仁井田升《唐令拾遗》32 第 2 条等。

331.《唐六典》2.29。

332.《旧唐书》186 上.4840。

333.《新唐书》110.4124。

334.《通典》186.993、《唐会要》73.1318—1319 作"罢薛仁贵",误。

335.《旧唐书》92.2948。

336.《资治通鉴》207.6561。

337.《资治通鉴》210.6656—6660,下面出于此卷记录无必要不再重引。

338.《资治通鉴》210.6672;《册府元龟》397.4723、429.5111。

339. 岑仲勉《通鉴隋唐纪比事质疑》页 154 以薛讷任幽州都督不足 10 年。

340.《册府元龟》444.5273、446.5296。

341. 兵数《旧唐书》薛传作 2 万,但同书 8.173 作 6 万。

342. 数各处略异,参《旧唐书》8.174、103.3193,《册府元龟》133.4551—4552。

343.《册府元龟》139.1629。

344.《新唐书》215 上 .6048、5.124,《册府元龟》119.1428。《全唐文》26 将此诏命名为《命薛讷等讨吐蕃诏》,误。

345.《册府元龟》119.1429。

346.《文苑英华》459.2337,《唐大诏令集》130.706,后者文中有脱字。

347.《册府元龟》992.11650。

348.《旧唐书》194 上 .5172;《新唐书》5.125。

349.《旧唐书》194 上 .5174、103.3190;《册府元龟》398.4737;《资治通鉴》211.6721。

350.《旧唐书》93.2986;《册府元龟》986.11483—11484。

351.《旧唐书》8.197,145.3938、3940。

352.《旧唐书》199 下 .5353、103.3190。

353. 岑仲勉《突厥集史》,页 438。

354.《唐语林》(北京,中华书局,1987)693 条,5.473,本出《封氏闻见记》卷六。

355.《新唐书》211.5946。

356.《唐语林》1017 条,8.705,本出《封氏闻见记》卷六或卷四。

357.《新唐书》73 下 .2992。

358.《唐会要》32.1571。

359. 除本传外,入朝事又见《旧唐书》17 上 .515,带绢事见《册府元龟》945.11130。

360. 参毛汉光《从士族籍贯迁移看唐代士族之中央化》,原刊台湾《"中研院"历史语言研究所集刊》五十二本第三分,后收入《中国中古社会史论》页 319—320,毛氏根据《刻类编》卷四所引《河东节度使薛平神道碑》京兆人一语,以为河东薛氏在文宗朝移籍中央,见书中页 332。

361. 过去专门讨论薛仁贵论文似不多,目前能见有注丛佩远《白袍先锋薛仁贵》(收于张博泉等编《东北历史名人传》古代卷上,长春,吉林文史出版社,1986,及尹承琳《薛仁贵其人其事》,《辽宁大学学报》哲学科学社会版,1981 年 1 期)。

362. 参雷家骥《李靖》(台湾联鸣文化有限公司,1980,页 259—270)所论李靖的例子,而其余唐初将领如秦叔宝及程知节等日后在民间神化的过程,有待深考。

363. 参罗炳绵《西晋迄隋战乱之损害》,《新亚学报》5,1960,页 321—325。

364. 《唐会要》21.414、23.436。

再版后记

时光匆匆,著名隋唐史研究学者黄约瑟博士离开我们已经15年了。先生英年早逝,未有太多专著传世,仅得1995年出版的遗稿《薛仁贵》一书而已。然而该书当年的发行量有限,坊间早已售罄,十余年来难以求得。及至去年北京胡杨文化传播有限公司提出重版再印的建议,这自然是一大喜讯,先生这部硕果仅存的作品可以再度刊行,让我们能回忆当年约瑟先生推动海峡两岸暨香港隋唐史研究的成就贡献。

记得1991年7月,约瑟先生时任香港大学亚洲研究中心研究员,在他的推动与统筹下,香港大学亚洲研究中心举办了"国际隋唐五代史研究会",这是20世纪以来,隋唐史研究界的一大盛事，至今仍为学者们所称道。当时由于客观条件的限制，中国内地隋唐史学界与境外同行的接触机会实在不多，而据先生所说，他本人虽参加了不少学术会议，有机会到内地和台湾访问交流，但碍于历史因素，直至20世纪90年代初，海峡两岸的同行们始终没有直接交流的机会。而他筹办这次研讨会的最主要动机，是借此促进海峡两岸暨香港隋唐史研究者的沟通与认识。结果，研讨会不仅为海峡两岸暨香港的30多名学者提供了面对面的交流机会，再加上数位与会的日本、英国和加拿大等地学者，使来自世界各地的隋唐史学者们，能聚首一堂，在为期3天的会议内，畅论隋唐史各不同领域的问题，交换大家的研究成果与心得，会后更出版了研讨会论文集，实属空前的学界盛事，至今乃令与会者回忆万千。

约瑟先生曾透露，这部《薛仁贵》其实是他早年在澳大利亚攻读博士学位时的工余之作，因受澳大利亚语言环境影响，他是以英文撰写原稿，并计划在当地寻求出版，后因学成回港，出版计划才告吹。而随着对隋唐史研究工作的深入拓展，约瑟先生预视到21世纪世界隋唐史研究的中心点必定聚焦在海峡两岸学术圈内，于是他亲自把书稿翻译为中文，计划刊行于世，希望带动这方向的前进。可惜先生壮志未酬，却已归黄土。今天，我们得以再阅先生遗稿，若以这样的心境来解读，则定有另一番滋味在心头。

在此谨以本书纪念黄约瑟博士,并致最崇高的敬意。

受业　罗永生
于香港 宝马山 树仁大学历史学系
2019 年 8 月 6 日

图书在版编目（CIP）数据

薛仁贵 / 黄约瑟著. -- 石家庄：河北教育出版社，2020.7

ISBN 978-7-5545-5368-8

Ⅰ.①薛… Ⅱ.①黄… Ⅲ.①薛仁贵－传记 Ⅳ.①K825.2

中国版本图书馆CIP数据核字(2019)第193832号

薛仁贵
黄约瑟　著

出 版 人	董素山
策　　划	胡杨文化　何崇吉
责任编辑	任晓霞　赵莉薇
特约编辑	史开俊
装帧设计	今亮后声
出版发行	河北出版传媒集团
	河北教育出版社　http://www.hbep.com
	(石家庄市联盟路705号，050061)
印　　制	山东临沂新华印刷物流集团有限责任公司
开　　本	880mm×1230mm　1/32
印　　张	7
字　　数	127千字
版　　次	2020年7月第1版
印　　次	2020年7月第1次印刷
书　　号	ISBN 978-7-5545-5368-8
定　　价	42.00元

版权所有，翻印必究